Textos et cie

#AINSIVALAVIE!

Kennes

Publié avec les autorisations des Éditions Andara inc.,
Québec, Canada

Auteure : Geneviève Guilbault
Illustrations de la couverture : Magalie Foutrier
Illustrations intérieures : Shutterstock
Graphisme : Julie Deschênes

Rue de la Blanche Borne 15
6280 Gerpinnes (Loverval) – Belgique
www.kenneseditions.com

Légère adaptation et lexique : Dimitri Kennes et Daniel Bultreys

Dépôt légal : mai 2018 — D/2018/13.105/35 — R1/2018

ISBN : 978-2-8758-0534-8
NUART : 28-2720-0

Imprimé en Italie sur les presses de Grafica Veneta

Textos et Cie

1

#AINSIVALAVIE!

Geneviève Guilbault

Avant-propos

Préparez-vous à vivre une aventure incroyablement colorée avec Morgane, ses nouveaux amis et ses nombreux textos !

Bien qu'écrite en français, cette série a été créée par une pure Québécoise (MOI !) et se déroule dans la Belle Province. Ne soyez pas effrayés par les expressions typiques de mon coin de pays. Laissez-vous plutôt imprégner de cette saveur locale qui lui est propre. Les mots identifiés par un astérisque sont expliqués en bas de page lors de leur première utilisation, et par la suite, vous pourrez les retrouver si nécessaire dans le lexique alphabétique à la fin du livre. Vous apprendrez ainsi ce que signifient certains mots tels que *chum* (copain), *cell* (portable) et *gougounes* (tongs).

Bonne lecture et surtout, amusez-vous bien !

Geneviève XXX

CHAPITRE 1

Changement de décor

CHAPITRE 1

Yanie : Morgane ? Es-tu là ?

Moi : Oui ! Qu'est-ce qu'il y a, encore ?

Yanie : Je m'ennuie de toi !

Moi : Je le sais, Yanie. Tu me l'as déjà écrit trois fois ce matin. Tu vas survivre, ne t'inquiète pas !

Yanie : Je ne pense pas ! Je n'arrive plus à dormir depuis que tu m'as fait tes adieux.

Moi : C'était hier !

Yanie : Ben, c'est ça ! Je n'ai pas dormi de la nuit non plus !

Moi : Arrête d'être aussi dramatique. Je ne suis pas morte, quand même !

Yanie : Pas encore, mais ça va venir ! Tu t'apprêtes à passer toute une année dans un pensionnat hyper sévère ! Crois-moi, tu vas vouloir mourir !

CHANGEMENT DE DÉCOR

Moi : Ce n'est pas un pensionnat, c'est une résidence.

Yanie : Je ne vois pas la différence. Oh ! Et attends d'enfiler ton uniforme ! Tu vas le détester, je te jure !

Moi : Ça suffit, Yanie ! Je ne porterai pas d'uniforme, je te l'ai déjà dit. Ce n'est pas une école privée, c'est un secondaire * comme les autres.

Yanie : En tout cas, moi, on me paierait cher pour que j'accepte de dormir à mon école !

Moi : Je n'ai pas vraiment le choix si je ne veux pas faire une heure d'autobus tous les jours.

Yanie : Ta nouvelle maison est si loin que ça ?

Moi : Que veux-tu, c'est la campagne ! 😄

---

* **Secondaire** – Au Québec, on fréquente l'école secondaire pendant 5 ans (de la première à la cinquième), de 13 à 17 ans.

CHAPITRE 1

Yanie : Je te souhaite beaucoup de plaisir avec les vaches, les poules et les champs de maïs !

Moi : Écoute, je dois te laisser. J'ai une journée plutôt chargée. On se revoit bientôt ?

Yanie : Oui, mais tu me promets de m'écrire souvent, hein ?

Moi : C'est sûr !

Yanie : Quand ? Tout à l'heure ? Ce soir ? Pas plus tard que ce soir, OK ? Parce que je te connais ! Indépendante comme tu es, tu serais capable de m'oublier pendant la nuit.

Moi : Je ne vois pas comment ça pourrait arriver, avec la quantité de textos que tu m'envoies dans une journée ! 😉 Je t'écris avant d'aller au lit, c'est promis.

Yanie : Je compte sur toi !

Moi : 👍

CHANGEMENT DE DÉCOR

J'éteins mon cell* et le range dans la poche de ma veste, un grand sourire aux lèvres. Pauvre Yanie ! Elle me fait bien rire avec son ton dramatique. Je change d'école, je ne m'en vais quand même pas à l'abattoir ! La vie m'offre la chance de découvrir autre chose et de me faire de nouveaux amis. Aussi bien en profiter, non ? Il n'y a rien de mal là-dedans !

Le changement fait peur à beaucoup de monde. Mais moi, je ne suis pas comme tout le monde. À quoi bon l'être, de toute façon ? Pourquoi chercher à entrer dans un moule qui ne me ressemble pas ? Oh ! Je pourrais faire semblant, c'est vrai ! Mais serais-je vraiment plus heureuse ? Je ne crois pas.

C'est ma vie. Et la beauté, c'est que je peux en faire ce que je veux, de ma vie. Je prends mes propres décisions. Je trace ma route. Je tire le bout de cette longue ficelle et je la déroule un centimètre à la fois afin de découvrir les mille et un trésors cachés de ce monde. À mon rythme. *Quand* je le veux et *comme* je le veux.

« Quel sera ton métier, quand tu seras grande, Morgane ? » Ah ! Cette fameuse question ! On se la fait poser si souvent quand on est jeune ! Girouette comme je suis (ça, c'est l'expression préférée de ma mère pour me décrire),

* **Cellulaire/Cell** – Téléphone portable.

j'ai changé d'idée des centaines, voire des milliers de fois.

Quand j'avais trois ans, je voulais être une princesse en pyjama. Pourquoi en pyjama? Parce que les robes ne m'intéressaient pas. Et soyons honnêtes, elles ne m'intéressent toujours pas. Tout ce que je voulais, c'était monter à cheval, m'amuser avec le fou du roi et manger du pain jusqu'à ce que mon ventre soit sur le point d'exploser.

À six ans, je rêvais de devenir une sirène-infirmière pour soigner les dauphins malades, prendre soin des bébés hippocampes et jouer avec les étoiles de mer. Rien de bien compliqué, non?

Ensuite, vers dix ans, j'ai eu la meilleure idée de tous les temps! J'allais devenir la première fille à faire le tour du monde en marchant sur les mains, les pieds dans les airs. Je me suis donc entraînée, entraînée et entraînée, et, finalement, j'ai abandonné ce projet au coin de la rue. C'était beaucoup trop long, le tour du monde! Et beaucoup trop douloureux, aussi!

Aujourd'hui, je dois sérieusement penser à mon avenir. Je ne suis pas encore une adulte, mais je ne suis plus une enfant non plus. Ma mère dirait: une ado. Je déteste ce mot, parce qu'il nous bombarde d'images hyper négatives. Ado = boutons plein le visage, appareil dentaire, début des règles, voix qui mue, moustache qui n'en est pas vraiment une (rasez-moi ça, les gars !), hormones qui nous font rire quand c'est le temps de pleurer (et qui nous font pleurer quand c'est le temps de rire), peines d'amour, amis qui nous laissent tomber. Mais surtout, ado = coups. Beaucoup de coups. Des coups de cœur, des coups de fatigue, des coups d'œil, des coups de fil, des coups bas, des coups d'éclat, des coups de soleil, des coups de pouce, des coups de barre et, aussi, des coups de foudre.

Mais les coups de foudre, ce n'est pas pour moi. C'est une perte de temps. J'ai beaucoup mieux à faire que m'extasier devant les beaux yeux d'un tel ou la nouvelle coupe de cheveux d'un autre. Je me fiche de savoir si le gars le plus populaire de l'école a remarqué mon nouveau t-shirt. Je m'en balance, de l'opinion des gens à propos de la couleur de mon vernis à ongles. Vraiment ! Je ne dis pas que je suis complètement indifférente à la gent masculine — je ne suis pas faite en bois, quand même ! —, mais je suis bien plus attirée par celui qui écoute des documentaires et qui s'intéresse à ce qui se passe dans le monde que par celui qui marque des buts à la pelle lors des matchs de football. Vous voyez ? Et des gars comme ça, il n'y en a pas des centaines dans mon entourage.

Pour en revenir à la question à mille dollars, vous savez, celle qui va faire de moi une adulte responsable et équilibrée (hum ! hum !), la réponse s'est imposée d'elle-même avec les années. Maintenant, tout est clair. Je vais devenir journaliste. Mais pas n'importe quelle sorte de journaliste. Oh non ! La météo, très peu pour moi. L'horoscope et les sports, c'est sans intérêt. Les petites nouvelles de quartier qui ne servent qu'à alimenter les ragots (du genre : saviez-vous que la municipalité vient d'établir une nouvelle loi en matière de ramassage de crottes de chien ?), il est hors de question que je m'en charge. Non, moi, ce que j'aimerais, c'est faire du journalisme humanitaire. Voyager. Découvrir le monde. Partir à la recherche de sujets de société à la fois passionnants et controversés. Des sujets qui amèneront la population à réfléchir. À se poser des questions. À prendre des décisions.

C'est moi, ça.

C'est Morgane.

Et j'ai trouvé le moyen parfait de m'exercer, tout en montrant aux autres qui je suis réellement : je vais mettre sur pied un journal étudiant. Mais attention ! Je parle ici d'un vrai journal ! Rien à voir avec ces atrocités sans contenu qui circulent habituellement dans les écoles secondaires. J'ai envie de monter un périodique unique, à ma couleur. Et je me suis bien préparée pendant l'été. J'ai écrit quelques chroniques inspirées de ma propre expérience de vie. En voici un exemple.

Pas si terrible, **LE CHANGEMENT !**

Quel beau titre pour un article, n'est-ce pas ? Il y a tant de choses à dire à propos du changement que je ne sais pas trop par où commencer.

Allons-y tout d'abord avec la définition du mot «changement». Selon le Larousse, il s'agit «d'une action, du fait de changer, de modifier quelque chose, du passage d'une étape à une autre». Le changement peut être lent et progressif ou, à l'inverse, brutal et précipité.

Mais la question qu'on doit se poser, c'est: que souhaitons-nous vraiment modifier ? Nos habitudes alimentaires ? Notre mentalité ? Notre engagement dans la sauvegarde de la planète ? Notre lieu de résidence, nos fréquentations, notre cercle d'amis ? Pourquoi ne pas prendre un moment pour y réfléchir ? Chaque être humain réagit différemment au changement.

Pour ma part, je l'accueille à bras ouverts ! Je profite des occasions qui s'offrent à moi pour...

Bout de luzerne que j'ai du talent ! Mon article mériterait d'être publié dans un grand journal !

SOIS RÉALISTE, MORGANE !
TU DOIS COMMENCER EN
BAS DE L'ÉCHELLE, COMME
TOUT LE MONDE !

C'est vrai ! Voici donc ce que je vais faire. Je vais aller voir les responsables du journal étudiant et les convaincre de me faire une place au sein de leur équipe. Je me suis préparé une argumentation solide et convaincante, ils ne peuvent pas refuser. Et si, malgré tout, ils décident qu'ils n'ont pas besoin de moi, eh bien, je vais foncer et démarrer mon propre journal ! Tant pis pour eux !

TOUT DOUX, MORGANE !
C'EST TA PREMIÈRE JOURNÉE
DANS CETTE ÉCOLE. PRENDS ÇA

CHAPITRE 1

RELAXE ! TU N'ES PAS OBLIGÉE DE TE FAIRE DES ENNEMIS TOUT DE SUITE EN COMMENÇANT !

Non, mais je ne dois pas me laisser marcher sur les pieds non plus. J'ai accepté de relever le défi et de changer d'école, alors maintenant, c'est à moi de prouver que j'ai pris la bonne décision.

Il y a quelques semaines, ma mère s'est fait offrir un emploi de rêve. Évidemment, je l'ai encouragée à accepter le poste. Quand elle m'a avoué qu'on devrait déménager pour que ce soit possible, je lui ai assuré que ça m'allait. Changer de maison ? Pas de problème ! Changer de ville ? Pourquoi pas ? Mais quand elle m'a expliqué qu'on habiterait en pleine campagne, que je devrais quitter mon école et qu'en plus je devrais loger dans les résidences de mon nouvel établissement scolaire, j'ai hésité un peu. Mais pas plus de trente secondes. Ensuite, j'ai dit oui !

Pour plusieurs, ça peut sembler effroyable, voire mortel. Pas pour moi. Je ne suis pas comme ça. Mes amies sont un peu différentes (pour ne pas dire totalement différentes). Elles ont pleuré toutes les larmes de leur corps quand je leur ai annoncé la nouvelle. Louba m'a suppliée de convaincre ma mère de laisser tomber ce projet de fou et Yanie m'a menacée de ne plus jamais m'adresser la parole si j'acceptais de déménager. Je les entends encore argumenter pour essayer de me faire changer d'idée :

— Quoi ? Tu vas dormir dans ton école ? C'est l'horreur ! m'a dit Louba, les yeux exorbités et le teint blême.

— Et tu vas partager ta chambre avec une inconnue ? a ajouté Yanie, en me regardant comme si j'étais la pire des irresponsables. Ben voyons !

— Tu vas être hyper malheureuse !

— Tu vas trop nous manquer !

— C'est la fin du monde !

Elles ont oublié qui je suis, on dirait. J'ai toujours aimé relever des défis. Je m'intéresse à tout, partout, et tout le temps. J'accueille à bras ouverts chaque possibilité que m'offre la vie et j'essaie d'en tirer le maximum. Cette formidable aventure, je l'embrasse sur les deux joues et je lui fais un énorme câlin. C'est une chance inestimable qui s'offre à moi.

C'est certain que je vais m'ennuyer de mes amies. On a vécu tellement de belles expériences, toutes les trois ! Mais je ne déménage pas au

Pérou, quand même! On va se voir une fois de temps en temps. On va s'appeler. On va se texter.

Là où ça risque d'être un peu plus difficile, c'est avec ma mère. Elle est de loin la personne qui va me manquer le plus. Et je sais qu'elle va trouver ça difficile, sans moi. Malgré tout, je ne suis pas inquiète. On est fortes, toutes les deux. On va s'en sortir. On l'a toujours fait, alors je ne vois pas pourquoi ça changerait.

Aujourd'hui, c'est enfin le grand jour. Après un été bien rempli, je mets enfin les pieds dans ma nouvelle école. Les cours commencent seulement dans deux jours, mais l'accueil a lieu plus tôt afin de nous donner le temps de nous installer avant la rentrée.

À mon arrivée, on m'a donné une foule de papiers, on m'a attribué un numéro de chambre et on m'a souhaité une belle année scolaire. Et moi, j'ai gentiment demandé à maman de retourner à la maison et de me laisser seule. Je sais que ça lui a fait de la peine, mais j'ai envie de faire ce bout de chemin par moi-même. Découvrir mon nouvel environnement. M'installer. Rencontrer des gens. Faire ma place. Évidemment, elle ne met pas longtemps à m'envoyer un message:

Maman : Est-ce que tout va bien ? As-tu trouvé ta chambre ? Tu n'es pas perdue, j'espère ?

Moi : Tu es partie ça fait deux minutes ! Laisse-moi le temps ! Je t'écris plus tard, OK ?

Maman : Promis ?

Hi ! Hi !

Moi : Promis. Mais là, je ne peux pas avancer et te texter en même temps. J'ai plein de bagages, au cas où tu l'aurais oublié.

Maman : Oui, désolée. N'oublie pas, je viens te chercher vendredi après tes cours. On va se faire un beau week-end, toutes les deux.

Moi : Parfait ! Embrasse Fripouille pour moi.

Maman : Juste Fripouille ? 😉

Moi : Ben non. Embrasse aussi Gamine. Et Johnny Depp. Et... Bon ! Embrasse-les tous de ma part !

CHAPITRE 1

Maman : Des bisous soufflés, ça te va ? Hors de question que je pose les lèvres sur tes bestioles !

Moi : Oui, oui. Bisous soufflés, c'est parfait ! Je t'aime !

Maman : Moi aussi, je t'aime, ma colombe ! ♥

J'TDR

CHAPITRE 2

Première impression

CHAPITRE 2

J'avance dans le corridor, une valise dans chaque main et un immense sourire aux lèvres. C'est parti pour une excitante, exaltante, stimulante et passionnante aventure ! Et la petite voix dans ma tête me répète sans arrêt ce que je dois absolument faire aujourd'hui.

TROUVER MA CHAMBRE,
POUR COMMENCER !

Ça, c'est tout un défi ! Cette école est tellement grande que j'ai l'impression de tourner en rond depuis des heures. Un vrai labyrinthe ! Bon. Je ne devrais pas me plaindre, j'aime ça, les labyrinthes. Je rêve même de visiter les pyramides d'Égypte un jour. Certaines d'entre elles sont fascinantes, à ce qu'il paraît. Mais je ne sais pas pourquoi je parle de ça… OK. *Next !*

DÉCORER MON ESPACE.

C'est hyper important pour moi. Pourquoi endurer des murs blancs — ou pire :

beiges ! — pendant toute une année scolaire, quand on peut les embellir avec quelques affiches, des cadres et des articles de journaux ?

ME FAIRE DES AMIS.

Pas trop compliqué, je suis tellement merveilleuse !

FINALEMENT, ET LE PLUS
<u>IMPORTANT DE TOUT</u> :
CONVAINCRE LES MEMBRES
DU JOURNAL ÉTUDIANT
DE M'ACCUEILLIR DANS
LEUR ÉQUIPE.

J'en fais une mission prioritaire. C'est un objectif personnel ! Mais je pense que ça va bien aller. Comme je l'ai déjà dit, je suis merveilleuse ! ☺ En plus, j'ai plein d'idées. Ensemble, on va révolutionner le monde du journal étudiant. Rien de moins !

CHAPITRE 2

Pendant que j'établis une stratégie et que j'élabore une liste d'arguments irréfutables à présenter à l'équipe du périodique, les numéros de porte défilent devant mes yeux.

Quarante ; j'approche !

Je suis impatiente de connaître ma coloc. Euh… Est-ce que c'est vraiment ça, le terme exact ? Coloc ? Ou *cochambreuse* ? Ou partenaire d'espace vital ? Bah ! Peu importe ! Je suis sûre qu'elle est géniale et qu'on va devenir les meilleures amies du monde. Tiens, tiens, je pourrais faire une entrevue avec elle ! J'imagine déjà le titre : « Partenaires pour l'année scolaire ». Ou alors : « Le début d'une fabuleuse aventure ». Oui, c'est bon, ça !

Quarante et un ; j'ai les mains moites. Il fait si chaud, ici !

Quarante-deux ; j'y suis ! C'est la porte de ma chambre.

Je m'arrête et je dépose mes valises pour essuyer la paume de mes mains sur mon pantalon. Qu'est-ce qui me prend ? On dirait que j'hésite. Je n'ai pourtant pas l'habitude de manquer de confiance en moi !

Pour me rassurer, je glisse la main à l'intérieur d'une pochette de ma valise et j'en sors l'un de mes plus récents articles. Je l'ai écrit hier soir, celui-là. C'est l'un de mes meilleurs.

La confiance **EN SOI**

On en entend parler partout! Dans les revues, dans les émissions de télé, dans les études menées auprès des jeunes enfants, etc. À notre âge, il pourrait être tentant de lever le nez sur ce genre de documentation, mais sachez qu'une parfaite maîtrise de nos capacités est un atout majeur dans la réalisation de nos rêves les plus profonds. De là l'importance d'encourager les gens autour de nous, de leur dire à quel point ils sont bons et qu'ils méritent toute notre attention.

Dans cet article, je vous propose diverses méthodes à mettre en œuvre pour améliorer votre propre confiance en vous. Ne vous imposez pas de limites, voyez comment

CHAPITRE 2

Bang ! Un élève me percute si fort que je laisse tomber mon papier au sol. Bout de luzerne ! Il pourrait faire attention ! Il s'agit là d'un document de la plus haute importance ! Bon. C'est peut-être signe qu'il est temps que j'entre dans ma nouvelle chambre (et dans ma nouvelle vie).

Je frappe trois petits coups et j'agrippe les poignées de mes valises. J'attends qu'on vienne m'ouvrir. Je suis polie quand même. OK, je l'avoue, j'ai surtout les mains pleines. Euh… On dirait que j'entends chanter à travers la porte. Et c'est… C'est quoi, cette musique, au juste ? Un mélange de flûte de pan et de harpe. Oh ! Oh ! Ce n'est pas bon signe, ça !

Bon. Du calme. Je ne dois pas juger cette fille avant de la connaître. Ce n'est pas parce qu'elle écoute de la musique archinulle et qu'elle chante de façon archinulle qu'elle est forcément archinulle elle aussi. Oups ! Est-ce que c'était un jugement, ça ? Hum, peut-être… Je devrais faire plus attention.

Je frappe à nouveau, un peu plus fort cette fois. La musique arrête et la porte s'ouvre.

— Quoi ?

— Salut ! Je suis Morgane !

Wow ! Ma coloc est vraiment, mais vraiment belle ! Elle mesure près de dix centimètres de plus que moi (pourtant, je ne suis pas petite), elle a de longs cheveux blonds et des yeux verts aussi grands et aussi ronds que ceux d'une biche. Bref, elle m'énerve ! (Mais non ! Elle ne m'énerve pas vraiment. Mais avouez qu'on a affaire ici à un cas d'injustice flagrante dans la répartition des attributs physiques au sein de la population !) Elle a même un style que la plupart des filles – et des gars – doivent qualifier de *look* d'enfer ! Une chemise fleurie, un short de jeans très court, un bottillon noir et un chignon mi-soigné mi-négligé, qui laisse tomber quelques mèches sur son visage bronzé. Si elle n'avait pas les yeux si gonflés et si rougis (tiens, tiens, aurait-elle pleuré ?), elle serait parfaite !

Pendant que j'examine ma coloc de la tête aux pieds, elle se permet de faire la même chose. Son regard étonné se promène de bas en haut et de haut en bas, comme si elle n'arrivait pas à assimiler les informations transmises par son cerveau. Je fais parfois cet effet-là aux gens. Les premières minutes, tout au moins. Ensuite, ils s'habituent. Je n'ai pas la réputation d'être conventionnelle ni de me fondre dans la masse. Celle qu'on remarque, c'est moi.

CHAPITRE 2

— Qu'est-ce que tu veux ? me demande enfin la belle blonde. Tu es perdue ? ajoute-t-elle en penchant légèrement la tête.

— Non. Je suis ta coloc, dis-je en lui tendant une main qu'elle ignore en relevant le menton. On va partager la même chambre, toutes les deux. Tu t'appelles Rosalie, c'est bien ça ? En tout cas, c'est ce qu'on m'a dit à l'accueil.

Un mélange de colère et de frustration passe sur son visage, l'instant d'une seconde. Son beau teint bronzé de l'été devient aussi rouge qu'une tarte aux cerises et ses pupilles se dilatent, comme si elle voulait me dévorer. Je recule d'un pas malgré moi. Heureusement que je l'ai fait, parce que j'aurais reçu la porte en plein visage.

Vlan !

Non, mais ! Tu parles d'une effrontée ! Elle m'a claqué la porte au nez !

— Hé ! Rosalie !

Je frappe encore. Elle n'ouvre pas. Décidément, ça commence mal. Je tourne la poignée et j'entre difficilement en tirant… Euh non. En poussant… Euh, ça ne marche pas non plus. En soulevant mes valises pour les déposer dans la pièce. Le souffle court, parce que je ne suis pas vraiment un modèle de forme physique, je m'essuie le front du revers de la main. Ouf !

Campée devant moi, ma coloc se gratte nerveusement le bras. Sa colère semble disparue. Peut-être a-t-elle compris que je n'ai pas choisi d'être avec elle, moi non plus. J'ose faire un pas dans sa direction, mais elle lève aussitôt l'index pour me pointer un lit vide. Puis, elle soupire un grand coup et va s'asseoir à son petit bureau en prenant soin de me tourner le dos. Je déplace mes valises et je les dépose au pied de mon lit. Je suis trop curieuse. Je ne peux pas m'empêcher de la questionner.

— Est-ce que ça va, Rosalie ? dis-je, plantée au beau milieu de la chambre. Tu as l'air bouleversée.

— Mon nom, c'est Annabelle ! grogne-t-elle, les poings serrés.

— Oh ! Désolée. Ils ont dû faire une erreur à la réception.

Mes doigts s'agitent machinalement sur la fermeture éclair de ma veste.

— Mais tu as quand même l'air bouleversée. Est-ce que je peux faire quelque chose pour t'aider ?

— Tu crois vraiment que je vais parler de ça avec toi ? marmonne Annabelle, sans se retourner. On ne se connaît même pas.

— Justement. Je suis la mieux placée pour t'aider à poser un regard objectif sur la situation, tu ne penses pas ? dis-je sur le ton d'un professeur. Mon jugement ne risque pas d'être altéré par ma propre interprétation des événements.

Ma coloc pivote sur elle-même et me lance un regard perçant.

— Est-ce que tu parles toujours comme ça ? Parce que, franchement, c'est un peu bizarre, ton affaire.

— Désolée. Je vais essayer de faire attention, fais-je, en baissant la tête.

Je ne veux pas l'effrayer. Ni la bousculer. Je décide donc de m'asseoir sur mon lit pour garder une certaine distance entre nous. Personnellement, la proximité ne me gêne pas, mais ce n'est pas tout le monde qui est à l'aise avec ça.

— Alors ? Tu me racontes ?

L'hésitation se lit sur son visage. Annabelle ferme les yeux, pince les lèvres et lâche un autre grand soupir. Décidément, elle en a gros sur le cœur. Au moment où elle ouvre la bouche pour me parler, mon téléphone se met à vibrer. Bout de luzerne ! Ce n'est pas le moment !

Je glisse la main dans la poche de ma veste pour éteindre mon appareil, mais c'est trop tard :

Annabelle a compris qu'elle était sur le point de se confier à une parfaite inconnue. Le nez plissé et les poings serrés, elle court se réfugier dans la salle de bain en refermant la porte derrière elle. Bon. Ce sera pour une autre fois, les confidences ! Je ne peux rien faire de plus pour l'instant.

Curieuse de savoir qui m'a textée, je m'empare de mon cell pour lire le message. C'est mon amie Louba.

Louba : Hé ! Comment tu vas, Gougoune ? Tu devais m'écrire ce matin. J'espère que tu ne m'as pas déjà oubliée ! Ou pire : remplacée !

Moi : Salut, microbe ! Mais non, voyons ! Comment pourrais-je te remplacer ? Tu es la seule au monde qui arrive à chanter du heavy métal en dansant la claquette dans le fond d'une piscine !

Louba : Ah ! Tu me rappelles des souvenirs ! C'était vraiment cool, ça !

Moi : Ouaip ! Méchant party* !

* **Party** – Fête.

CHAPITRE 2

Louba : Alors, est-ce que ta nouvelle école est plus hot que la nôtre ?

Moi : Difficile à dire, je viens d'arriver. Je ne suis même pas encore installée.

Louba : Rassure-moi, dis-moi que tu ne t'es pas déjà fait des tas d'amis ! Parce que si c'est le cas, je t'ouvre le bide et je déroule les trois mètres d'intestins qu'il y a à l'intérieur afin de les piétiner jusqu'à ce qu'ils forment un tas de chair sanguinolente. Compris ?

Moi : Wow ! Charmant !

Louba : Merci ! C'est toi qui m'as tout appris.

Moi : Petite rectification, cependant : on n'a pas trois, mais environ sept mètres de boyaux dans le bide, si on compte l'intestin grêle et le gros intestin.

Louba : Tant que ça ?

Moi : Yep !

Louba : Tu m'étonneras toujours, toi !

Louba : Alors ? C'est comment, la campagne ? Es-tu assaillie par les mouches ? Ça sent la crotte de vache ?

Moi : Non, au contraire ! C'est merveilleux ! Je me suis réveillée super tôt pour voir le soleil se lever. Ensuite, j'ai marché dans les champs pendant des heures. J'ai cueilli un superbe bouquet de fleurs, j'ai caressé des chevaux, j'ai ramassé des œufs frais et je suis rentrée pour préparer le petit déjeuner à ma mère.

Louba : Tu te moques de moi ?

Moi : Pas du tout ! J'ai même eu le temps de récolter du miel, de traire deux ou trois vaches et faire les foins.

Louba : Ah ! Ah ! Très drôle ! 😛

Hi ! Hi ! Hi !

CHAPITRE 2

Moi : Tu veux la vérité ? Je me suis couchée hyper tard hier soir (tu me connais !), je me suis levée en retard ce matin (évidemment !), et j'ai avalé une banane dans l'auto pendant que maman me conduisait à l'école.

Louba : Là, je retrouve ma Gougoune à moi !

Louba : Qu'est-ce que tu portes ?

Moi : Comment ça, qu'est-ce que je porte ?

Louba : Je suis curieuse. La première impression, c'est hyper important ! Et tu n'es pas toujours très douée pour ça, on ne se le cachera pas !

Moi : J'étais pressée ce matin. Tous mes plus beaux vêtements étaient déjà dans mes valises, alors je n'ai pas eu tellement le choix.

Louba : Aboutis !

Moi : Mes leggings avec des dessins de Smarties.

Louba : Tu me fais peur. Qu'est-ce que tu as mis avec ça ?

Moi : Mon t-shirt vert.

Louba : Oh non ! Rassure-moi ! Tu parles bien de celui qui est tout vert, hein ?

Moi : Non, l'autre. Celui avec la grenouille.

Moi : Quoi ? Qu'est-ce qu'il y a ? C'est super beau !

Moi : Ben… Pas si beau que ça ! Qui ça intéresse, de toute façon ?

Moi : Pourquoi tu ne réponds pas ?

Moi : Lou ?

CHAPITRE 2

Louba : Laisse tomber ! Ne viens pas te plaindre si tu ne te fais pas d'amis d'ici la fin de l'année scolaire. Franchement, Morgane !

Moi : Quoi ? Les Smarties et les grenouilles ont tout à fait le droit de cohabiter ! Tu ne peux pas les en empêcher ! C'est de la discrimination !

Louba : Là, je te reconnais bien ! ☺ Bon, je dois y aller ! Mon père m'attend dans l'auto. On va magasiner * pour la rentrée.

Moi : Amuse-toi bien ! Je te redonne des nouvelles très bientôt !

Louba : Tiguidou !

---

* **Magasiner** – Faire les magasins, faire du shopping.

CHAPITRE 3

Confidences

Le chagrin

Loin de moi l'idée de vous effrayer avec des idées noires, mais sachez que le chagrin fait partie intégrante de notre quotidien, alors il ne faut pas le considérer à la légère. Tout récemment, j'ai rencontré une personne affligée par la peine et la désolation. Devinez comment je me suis sentie? Désespérée! Eh oui! Le malheur est doté d'un grand défaut: il se répand comme une traînée de poudre. Heureusement, je ne suis jamais triste bien longtemps, alors je me suis vite ressaisie avant d'être aspirée dans ce tourbillon de désespoir qui a le pouvoir de nous détruire de l'intérieur.

Pour contrer le chagrin et espérer un retour à la vie normale, il faut éviter de se complaire dans la facilité et accepter qu'une tierce personne nous botte les fesses, si je peux m'exprimer ainsi.

Voyez comment votre entourage peut vous aider à...

Je me retiens pour ne pas relire mon article au complet. Si ça continue, je vais le connaître par cœur ! Mais c'est vraiment bon ! Sérieusement, je suis une super auteure. ☺ Je réussis à écrire des textes à la fois pratiques, percutants et empreints d'un réalisme saisissant. Les autres vont adorer ça ! J'ai hâte que tout ça soit enfin publié et distribué dans toute l'école !

Bon ! Ça suffit pour aujourd'hui. J'éteins mon ordinateur et le dépose sur mon lit. Il serait peut-être temps que je m'approprie mon petit coin de chambre. Lentement, sans me presser, je range mes vêtements dans ma commode, j'installe mon oreiller et mes toutous préférés sur mon lit (j'assume très bien mon côté bébé), et je dépose mes articles de toilette dans un petit panier, dans la salle de bain.

Annabelle n'a plus ouvert la bouche depuis que j'ai essayé de la faire parler tout à l'heure. Je pense qu'elle a peur de moi. Elle est restée allongée sur son lit à texter et à écouter sa musique de flûte de pan. (Sérieux, c'est quoi, le but de cette musique, si ce n'est pas de nous faire saigner des tympans ?) J'ai essayé de lui faire comprendre à coups de grands soupirs que je ne partageais pas ses goûts musicaux, mais vu son état dépressif, je me suis dit qu'on débattrait de ce point un autre jour. (N'allez pas dire que je ne suis pas gentille !)

Une fois ou deux, elle s'est levée pour écrire quelques pages de ce qui semble être un journal intime, mais c'est tout. Elle n'a pas répondu à son cell quand il a sonné et n'est pas sortie de la chambre pour aller manger non plus. Dommage, j'aurais bien aimé avoir de la compagnie pour mon premier repas ici. Au lieu de ça, j'ai avalé quelques bouchées dans un coin de la cafétéria, pendant que les regards inquiets se tournaient vers moi. Louba avait peut-être raison, finalement. J'aurais dû faire un peu plus attention à mon choix de vêtements pour ma première journée.

Bah ! Ce n'est pas grave ! J'en suis sortie vivante, non ? C'est ça le plus important. Me voilà revenue dans ma chambre, en compagnie de ma coloc dépressive. J'aimerais bien savoir ce qui la met dans cet état. La rentrée scolaire ? Non, quand même pas ! L'école, ce n'est pas si terrible ! Se séparer de ses parents ? La mort de sa grand-mère ? Une maladie qui s'attaque à son système nerveux et qui lui fera perdre ses capacités cognitives avant la fin de l'année ?

EUH, TU ES UN BRIN DRAMATIQUE, LÀ! CALME TON IMAGINATION!

Tiens, j'ai une idée! En faisant semblant de rien, je me lève pour installer quelques affiches sur le mur du côté de mon lit. Les bras allongés, le corps bien droit, j'étire le cou juste assez pour réussir à poser les yeux sur le journal intime d'Annabelle. Je n'arrive pas à lire les phrases au complet parce que c'est écrit trop petit, mais quelques mots en caractère gras m'apparaissent plus clairement. Trahison. Colère. Amour. Désespoir. Et un nom. Justin. Hum! À moins que ce soit Justine? Les lettres sont très stylisées, ce n'est pas très clair. J'aimerais bien approcher davantage pour en avoir le cœur net, mais Annabelle risque de ne pas aimer ça.

De toute façon, ce n'est pas mes affaires. Ce Justin — ou cette Justine — lui a peut-être brisé le cœur. Ou alors, cette personne lui a menti. Ou l'a trahie. Ou humiliée. Ou tout ça en même temps, qu'est-ce que j'en sais? Chose certaine, sa tristesse fait peine à voir. Et moi, je ne suis pas du genre à regarder les autres se complaire dans le malheur avec les bras croisés. Surtout que, comme je l'ai mentionné dans mon article, le malheur a tendance à prendre ses aises une fois qu'il est installé. Hors de question que je sois malheureuse moi aussi. Je décide d'intervenir :

— Bon ! Qu'est-ce que je peux faire pour t'aider ?

Annabelle lève les yeux de son journal. Sa main arrête de griffonner. Elle replace une mèche dorée derrière son oreille et marmonne, sans se retourner :

— Est-ce que j'ai l'air d'avoir besoin d'aide ?

— Ben… Oui, justement. Tu sembles super triste, alors j'ai pensé que…

— Tu penses trop. Fiche-moi la paix.

Et elle recommence à écrire. J'essuie la rebuffade sans broncher. Au fond de moi, je sais qu'elle n'est pas méchante. Elle cherche simplement à se protéger. À se protéger de quoi ? Je ne sais pas. Je ne représente pas vraiment une menace, mais les gens qui ont de la peine ont parfois tendance à se construire une carapace. Et plus le temps passe, plus cette carapace risque de s'épaissir, de se solidifier, jusqu'à ce qu'elle devienne plus dure que le roc.

WOW ! C'EST BON, ÇA ! TU DEVRAIS AJOUTER UN PARAGRAPHE LÀ-DESSUS, DANS TON ARTICLE !

Ouaip ! Bonne idée !

Mais tout cela n'arrivera pas à Annabelle, parole de Morgane ! Je vais m'occuper d'elle et lui changer les idées. Je suis divertissante, comme fille, alors aussi bien me servir de mes atouts pour lui faire du bien !

Pendant que je me convaincs que je suis la meilleure personne pour aider ma coloc, on frappe à notre chambre. Annabelle ne bronche pas, alors je dépose mes affiches et je vais ouvrir.

— Salut ! me dit un gars à la peau noire et aux cheveux crépus. On vient voir Anna. Est-ce qu'elle est là ?

Mon visiteur est plutôt grand et porte un t-shirt d'un groupe de musique avec une cravate orange et un pantalon vert. Je ne le connais même pas, mais je le trouve déjà cool ! Je l'accueille avec enthousiasme :

— Wow, j'adore ton look !

— Euh... *Thanks!* J'aimerais en dire autant, articule-t-il, en reluquant les boules de billard (en plastique, bien sûr), qui servent à attacher mes cheveux.

— Bah! Ne t'en fais pas avec ça! dis-je, en balayant l'air d'un mouvement de la main. Je suis habituée. Vous êtes des amis d'Annabelle?

— *Right!* Je m'appelle Eddy. Et lui, c'est Thomas.

Eddy pointe un grand brun qui n'a besoin que d'un jeans et d'un t-shirt pour être incroyablement séduisant. Des yeux plus bleus que nature, un sourire enjôleur, des cheveux mi-longs qui dépassent de sa casquette des Canadiens*.

— Tom pour les intimes, précise le beau brun en m'adressant un clin d'œil évocateur.

— Parfait. Je vais t'appeler *monsieur* Thomas, alors, dis-je, en relevant un sourcil.

Eddy laisse échapper un petit rire, tandis que son ami fait un pas dans ma direction, les mains dans les poches. Je connais ce genre de gars. Il est parfait. Trop parfait. Physiquement, je veux dire. Parce qu'en ce qui concerne la cervelle, il n'y a souvent pas grand-chose à découvrir avec ce type d'individu. Très peu pour moi.

— J'imagine que tu as un nom, beauté?

* **Canadiens** – Équipe de hockey sur glace de Montréal.

Je roule les yeux. Beauté ? Qu'est-ce qu'il s'imagine ? Que je suis une de ces écervelées qui va lui tomber dans les bras aux premiers battements de cils ? Je fais un pas de plus pour me retrouver nez à nez avec lui et je lâche :

— Appelle-moi encore beauté et je te promets que tu vas planer jusqu'à l'autre bout du corridor avant même de comprendre ce qui t'arrive. C'est clair ?

Il écarquille les yeux. Je le fixe d'un air mauvais. Il m'accorde un sourire en coin.

— Très clair.

— Parfait. On se comprend.

— Est-ce que je peux quand même savoir ton nom ?

Je respire un grand coup et réponds :

— Je m'appelle Morgane, mais tout le monde m'appelle Gougoune.

— Qui, ça, tout le monde ? s'enquiert Thomas, l'air narquois.

— Ben, mes amis.

J'inspecte la pièce du regard. Oh ! Je me sens bien seule, tout à coup !

— Gougoune* ? répète Eddy, avec étonnement. Ça vient d'où, ce surnom-là ?

— De mes pieds, dis-je en agitant les orteils.

* **Gougoune** – Tong, sandale à deux brides dont le point d'attache sur le devant de la semelle se trouve entre le gros et le deuxième orteil.

CHAPITRE 3

Les deux gars baissent les yeux et lorgnent mes sandales de plastique orange ornées de coccinelles et de papillons scintillants. Je sais, même les petites filles de huit ans ne veulent pas porter ça tellement c'est bébé : mais moi, j'aime ça, des sandales bébé. J'en ai des dizaines de paires !

Thomas ouvre la bouche bien grand, et pousse un index dans le fond de sa gorge pour faire semblant de vomir. Eddy esquisse un sourire. J'ai compris. Mes gougounes ne font pas l'unanimité. Je crois qu'on vient d'assister à l'extinction de mon surnom.

— Alors ? Comment elle va, notre belle demoiselle ? demande Thomas, en s'approchant d'Annabelle. En forme ?

Le nez dans son journal, ma coloc fait comme si elle n'avait rien entendu. Thomas pose une main dans le dos de la pauvre fille éplorée pour la réconforter, mais elle lâche un grognement et repousse le nouveau venu d'un coup d'épaule. Thomas ne sourit plus. La tête sur le côté, une main derrière la nuque, il fait demi-tour et rejoint son ami à l'entrée de notre chambre.

— Elle ne va pas mieux, *right* ? s'informe Eddy, découragé.

— Ben, au moins, elle a arrêté de pleurer, répond Thomas, en levant le ton pour couvrir le bruit d'élèves qui s'agitent dans le corridor. C'est bon signe, non?

— Vu comme ça... OK. On reviendra plus tard.

Eddy passe sa main dans ses cheveux crépus et me salue d'un hochement de tête. Non ! Ils ne peuvent pas partir tout de suite ! Je dois en savoir plus !

— Attendez ! dis-je, en retenant Thomas par le bras. Qu'est-ce qu'elle a, votre amie ? Est-ce que je peux faire quelque chose ? Si vous m'expliquiez ce qui s'est passé, je pourrais l'aider à...

— *Sorry,* mais ça ne te regarde pas vraiment, me répond Eddy. Si Annabelle a envie de t'en parler, c'est *good.* Sinon, ce n'est pas à nous de le faire.

— On va la texter demain pour voir comment elle va, ajoute Thomas. Ne t'inquiète pas, on ne la laissera pas tomber.

My God! Ça semble sérieux ! Je suis si curieuse que je n'arrive pas à les laisser partir. Je veux tout savoir. Le plus vite possible !

— Ne partez pas tout de suite !

OK, je dois me calmer, j'ai presque l'air hystérique. Je lâche le bras de Thomas, qui me regarde de plus en plus bizarrement, et je reprends le contrôle de ma voix :

— Vous devriez me laisser votre numéro de chambre, juste au cas. Comme ça, je saurai où vous joindre si l'état d'Annabelle empire.

Eddy consulte son ami du regard. Mon dévouement envers une parfaite inconnue semble l'étonner un peu.

— On ne dort pas à la résidence, m'informe-t-il. On habite tout près d'ici.

— Vous êtes des frères ?

— Euh, allô ! me fait Eddy, en agitant sa main devant mes yeux. Je suis *black*, au cas où tu ne l'aurais pas remarqué.

— Et alors ?

— Réfléchis !

— N'aie pas l'esprit si étroit, dis-je. Vous pourriez être des demi-frères. Ou des enfants adoptés. Ou bien, plus intéressant encore, vous avez les mêmes parents et vous êtes des jumeaux non identiques. Oui ! Ça serait génial, ça ! Je pourrais faire un article sur vous ! Dites-moi tout ! Vous êtes des frères ou non ?

— Non ! tranche Thomas, en reculant d'un pas, comme s'il avait peur de moi. On a chacun notre maison et chacun notre famille. C'est bon ? On peut s'en aller ?

— Ah ! Dommage ! Ça aurait fait un super reportage. Bon, ce n'est pas grave. Vous revenez demain ?

— On n'a pas vraiment le droit d'être ici, m'explique Eddy. Les gars sont interdits dans les chambres des filles.

— Pourtant, vous êtes là.

— Oui, mais si on se fait prendre, on risque d'avoir des ennuis.

— Comment je peux vous joindre, alors, si Annabelle a besoin de vous ?

Eddy et Thomas ne réagissent pas.

QU'EST-CE QU'ILS ONT ?
TU N'ES PAS UNE PSYCHOPATHE
QUAND MÊME ! TU NE VAS
PAS LES TUER DANS
LEUR SOMMEIL !

— OK. Donne-moi ton cell, me dit enfin Thomas, en me présentant une main ouverte. Je vais y entrer nos numéros. Tu n'auras qu'à nous texter s'il y a quoi que ce soit.

— C'est bon, ça !

En un rien de temps, Eddy et Thomas sont ajoutés à mes contacts et je suis ajoutée aux leurs. Une fois qu'ils sont partis, je me retrouve seule avec Annabelle. Elle n'a toujours pas bougé. On dirait une statue. Ce qu'elle ne sait pas, c'est que je ne suis pas seulement une fouine qui veut tout savoir, tout entendre, tout connaître. Je suis aussi capable d'être une bonne amie. C'est ce que je vais faire. Elle en a vraiment besoin.

* * *

Après une journée bien remplie et un long bain moussant, je m'installe dans mon lit, cellulaire à la main. J'ai tellement de textos à envoyer que je ferais mieux de commencer tout de suite. Ma mère m'a écrit. Louba m'a écrit. Yanie m'a écrit. Et Thomas a démarré une conversation à trois avec Eddy. Curieuse, je commence par celle-là.

Tom : Et puis ? Comment va la coloc la plus déprimante au monde ? Est-ce qu'elle t'a parlé ?

Eddy : Est-ce qu'elle a recommencé à pleurer ?

Moi : Ça a l'air d'aller. Elle a pris une douche et elle s'est couchée tôt. Elle dort depuis environ une heure.

Eddy : *Good*. Elle avait besoin de récupérer.

Moi : Bon ! Je suis prête. Allez-y !

Tom : Prête pour quoi ?

Moi : Expliquez-moi tout !

Eddy : *No way !*

Tom : Hors de question !

Eddy : *Sorry*, mais on te l'a déjà dit. C'est à Anna de le faire.

Moi : Oui, je comprends. Vous avez raison. Vous ne seriez pas de très bons amis si vous trahissiez sa confiance.

Tom : Tu as tout compris.

Moi : Je parie que toute l'école est au courant ?

Tom : Ce n'est pas le genre de truc qui passe inaperçu dans un petit patelin comme le nôtre !

Hi ! Hi !

Moi : J'imagine !

Moi : Donc, demain, quand je vais aller déjeuner, je n'aurai qu'à poser la question au premier venu pour avoir tous les détails. C'est ça ?

Tom et Eddy ne répondent pas tout de suite. Ils savent que j'ai raison. C'est Eddy qui se lance en premier.

Eddy : *All right !* Tu as gagné.

Tom : Ed ! Annabelle va te tuer !

Eddy : Peut-être, mais au moins Morgane va savoir la vérité. C'est mieux que n'importe quelle histoire racontée n'importe comment par le premier *nobody* !

Moi : Vas-y. Je suis prête !

Je replace l'oreiller sous ma tête, contente de moi, et j'attends qu'Eddy finisse de taper son message. Je n'ai pas besoin de patienter très longtemps. La première phrase arrive presque aussitôt.

Eddy : Anna s'est fait piquer son *lover.*

Bout de luzerne ! C'est tout ? Elle est dans un état quasi catatonique à cause des beaux yeux d'un gars ? C'est un peu exagéré, non ?

Moi : Elle n'a qu'à s'en trouver un autre !

Eddy : C'est un air que tu te donnes ou tu n'as vraiment pas de cœur ?

Moi : Pfff !

Tom : Ce que tu dois comprendre, Morgane, c'est qu'Annabelle et Justin étaient ensemble depuis le premier jour du secondaire. Ils ne se sont jamais quittés pendant tout ce temps-là. C'était le petit couple parfait de l'école !

Moi : Justement, il était peut-être temps de passer à autre chose. On n'a pas trente ans quand même. Il faut vivre notre jeunesse !

Eddy : Passer à autre chose quand ton chum * te trompe avec ta *best*** ! *Not easy !*

Moi : Quoi ? Il est parti avec sa meilleure amie ?

Eddy : *Yes !*

Moi : Là, c'est différent !

Moi : Ça fait partie du code d'honneur des filles, ça ! Tu ne sors jamais avec le chum de ta *best*. Jamais ! *Never !* Sous peine de... sous peine de... Je ne sais pas quoi, mais ça ne se fait tellement pas !

Eddy : *Exactly !*

Tom : En tout cas, c'est une fameuse responsabilité que tu as là, Morgane. Remplacer Rosalie, ça ne sera pas facile !

* **Chum** – Petit ami, amoureux, copain.
** ***BFF/Best*** – *Best friend forever*, meilleur(e) ami(e).

Moi : Comment ça, la remplacer ? C'est qui, Rosalie ?

Tom : C'est elle, la voleuse de chum ! L'ex meilleure amie.

Eddy : Et c'est toi qui prends sa chambre !

Tom : C'est toi qui dors dans son lit !

Moi : Oh ! Je comprends mieux, maintenant.

Pas étonnant qu'Annabelle n'ait rien voulu savoir de moi, quand elle m'a vue pour la première fois. C'est la place de Rosalie, ici ! Je chausse les bottines d'une ex-meilleure-amie-qui-passait-tout-son-temps-avec-elle-et-qui-est-devenue-une-garce-du-jour-au-lendemain-et-qui-embrasse-son-chum-à-pleine-bouche-devant-toute-l'école ! Ouf !

Moi : Je vais prendre soin d'elle, vous pouvez compter sur moi.

Eddy : *Thanks*, Morgane.

Tom : En tout cas, ne t'avise pas de lui voler son chum quand elle s'en fera un nouveau.

Moi : Est-ce que j'ai l'air d'une fille qui s'intéresse aux mêmes gars qu'Annabelle ?

Eddy : Euh... *No !*

Tom : Tellement pas !

Moi : Alors, il n'y a rien à craindre. Je vais la garder occupée, votre Anna. Vous allez voir ! Elle va avoir tellement de projets et d'idées en tête qu'elle va oublier Justin le temps de le dire.

Eddy : *Good !*

Soudain, une super idée naît dans mon esprit. Une idée qui me permettra à la fois de réaliser mon rêve et de venir en aide à Annabelle, à Thomas et à Eddy. Oui. Je suis géniale !

Moi : Venez nous rejoindre dans notre chambre demain matin. J'ai un truc à vous proposer.

Tom : On te l'a déjà dit, c'est compliqué, pour nous, de se pointer dans la résidence des filles.

Eddy : Peut-être pas tant que ça...

Tom : Qu'est-ce que tu veux dire ?

Eddy : Poilue n'est pas encore arrivée, alors ça devrait bien aller.

Moi : Poilue ? C'est quoi, ça, Poilue ?

Tom : C'est la surveillante de votre étage. Disons qu'elle est un peu...

Moi : Poilue ? Voyons, les gars ! Ce n'est pas une raison pour l'appeler comme ça ! Ce n'est pas très gentil, vous savez. Qu'est-ce qu'elle a ? Des sourcils bien garnis ? Du duvet sur les jambes ?

Tom : Tu comprendras quand tu la verras. 😄

Eddy : Elle est *so crazy* ! En tout cas, moi, elle me fiche la trouille.

Moi : Bah ! Vous exagérez ! On parle d'un être humain, pas de King Kong !

Tom : Ça, c'est ce que tu crois. Tu m'en redonneras des nouvelles quand tu l'auras rencontrée ! En attendant, Ed a raison. Profitons-en pendant qu'elle est encore en vacances.

Moi : Parfait ! On se voit demain ?

Tom : OK. On va être là à neuf heures.

Moi : Es-tu fou ? À neuf heures, je dors !

Tom : Dix heures ?

Moi : Onze heures, ça sera parfait.

Eddy : On peut arriver après le souper, si tu préfères !

Moi : Vous serez là ou pas ?

Eddy : C'est *good* pour moi.

Tom : Oui. Pour moi aussi.

Hi ! Hi !

Moi : OK. À demain, alors !

Comme c'est excitant ! Je suis vraiment géniale ! Je suis sûre que les gars vont être emballés par mon idée ! Et Annabelle... Eh bien, Annabelle n'aura pas vraiment le choix d'embarquer, elle aussi. Sinon, je jure de la harceler nuit et jour jusqu'à ce qu'elle change d'avis. Hé, hé !

Je sais qu'il est tard, mais je n'ai pas sommeil. Je suis comme ça. Un oiseau de nuit. Si je pouvais, je me coucherais à une heure du matin et je dormirais jusqu'à midi. Tout le temps. C'est mon horloge biologique. Malheureusement, les contraintes de la société moderne (l'école !) ne me permettent pas un tel luxe. Résultat : la plupart du temps, je me lève de peine et de misère et je me présente en classe avec un visage encore plus fripé qu'une chemise laissée des jours durant au fond d'une valise. Sauf que ma face, je ne peux pas lui donner un coup de fer à repasser !

Je tente ma chance, j'écris à ma mère. Elle n'est peut-être pas encore au lit.

Moi : *Mom !* Tu es là ?

Maman : Tu en as mis, du temps ! Tu avais dit que tu me texterais un peu plus tard !

Moi : C'est ça.

Maman : Il est onze heures et demie ! Je trouve que tu exagères. Tu as école, demain.

Moi : Non, justement. Les cours commencent mercredi, tu t'en souviens ? Je me coucherai plus tôt demain soir. Promis.

Maman : Quand même ! Ce n'est pas parce que tu es loin de moi que tu peux te permettre de faire n'importe quoi. C'est important, l'hygiène de vie.

Moi : Si tu continues à m' ennuyer, j'éteins mon téléphone.

Maman : Ah oui ! Eh bien, si tu l'éteins, j'annule ton forfait cellulaire.

Moi : Tu n'oserais jamais faire ça ?

Maman : Tu veux parier ? C'est moi qui paie les factures, après tout !

Moi : Argument valable. Je laisse tomber les menaces. Mais permets-moi de faire une petite parenthèse avant de revenir à l'hygiène de vie. En m'inscrivant dans cette école, tu m'as assurée que je mangerais bien.

Maman : Ce n'est pas le cas ?

Moi : Le seul repas végé au menu, ce soir, c'était des pâtes blanches. Pas de sauce. Pas de légumes. Je veux bien être gentille et m'adapter, mais je risque de manquer de protéines et de vitamines d'ici la fin de l'année si c'est toujours comme ça.

Maman : Peut-être que tu pourrais faire un effort pour avaler quelques bouchées de viande !

Moi : Euh ! Tu me connais mieux que ça, *Mom* ! On va devoir me passer sur le corps avant que j'accepte d'encourager une industrie qui élève des animaux, qui les maltraite et qui les tue simplement pour satisfaire les caprices de la race humaine !

Maman : Oui, je sais, ma colombe ! Tu me l'as déjà dit des milliers de fois. Mais tu dois te nourrir convenablement, si tu veux être en bonne santé. Quelques bouchées de viande à l'occasion ne te feraient pas de mal !

Moi : Yark !

Maman : Tiens, pourquoi ne pas commencer avec du poulet ? C'est moins pire que le reste, le poulet, tu ne penses pas ?

Moi : Je ne comprends pas ton raisonnement. Tu crois que les poulets méritent plus d'être torturés que les autres animaux ?

Maman : Non, ce n'est pas ce que j'ai voulu dire, tu le sais bien.

Moi : De toute façon, tu ne réussiras pas à me convaincre. L'avenir de la planète dépend de nos choix alimentaires et des gestes que nous posons aujourd'hui. Je pense que tu ne réalises pas l'importance de l'enjeu, ici. Manger de la viande, c'est très polluant.

Maman : OK, Morgane. Je ne sais même pas pourquoi j'ai abordé le sujet avec toi. Je connais ta position et personne ne te fera changer d'avis.

Moi : Oh que non !

Maman : Tu feras des provisions quand tu viendras à la maison ce week-end. D'accord ? On pourrait même vérifier s'il est possible de t'installer un mini frigo dans ta chambre. Ça pourrait être une bonne solution.

Moi : Oui, c'est bon, ça ! J'aime l'idée du frigo.

Maman : Maintenant, va dormir. Il est tard.

Je roule les yeux. Heureusement que maman est à une heure d'ici, parce qu'elle déteste quand je roule les yeux. Ça me fait sourire. Mais ça non plus, elle ne le voit pas.

Moi : OK. Bonne nuit, *Mom* ! xxx

Maman : Bonne nuit, ma colombe. xxx

Bye !

CHAPITRE 4

Petite menteuse !

CHAPITRE 4

On frappe à la porte. Encore à mi-chemin entre le rêve et la réalité, je tire mes couvertures et je me tourne sur le côté. Je suis bien. Si je m'écoutais, je resterais au lit encore des heures. Mais connaissant ma mère, elle va revenir d'une minute à l'autre pour me supplier de me lever, de ranger ma chambre, de mettre mes vêtements sales au lavage ou de me préparer pour aller à l'école.

On frappe encore. Et voilà ! Qu'est-ce que je vous disais ? Pas moyen de dormir tranquille dans cette maison !

— Morgane ! Ouvre !

Bout de luzerne ! Ce n'est pas du tout la voix de maman ! En tout cas, si c'est elle, ce n'est pas un chat qu'elle a dans la gorge, mais une panthère au grand complet (avec les griffes, les poils et les moustaches qui vont avec). Qui est là, alors ? Encore un peu dans les vapes, je descends ma couverture jusqu'à mon menton et j'ouvre lentement les yeux. Ce n'est pas ma chambre. Ce n'est pas ma maison non plus. Les secondes filent et mon esprit s'éveille peu à peu. C'est bon. Je me replace. Je suis à la résidence.

— Morgane ! Si tu n'ouvres pas, on s'en va ! crie la voix impatiente de Thomas.

Oups ! C'est vrai ! J'ai demandé aux gars de venir ce matin. Je saute sur mes pieds et je cours leur ouvrir la porte.

— Salut ! dis-je, en passant (très rapidement) une main dans mes cheveux pour avoir l'air un peu moins décoiffée.

Thomas et Eddy ne répondent pas tout de suite. Ils ont la même expression qu'hier, quand ils m'ont aperçue pour la première fois. Quoi ? Ils n'ont jamais vu une fille porter un pyjama à pattes ?

— Euh, salut, Morgane, bafouille Thomas, en me lorgnant de la tête aux pieds. C'est quoi, ton pyjama ? Un panda ?

— Un hamster.

— Ah ! Cool, ajoute-t-il, mal à l'aise. On te réveille ?

— Hein ? Non, voyons ! dis-je, en me tenant bien droite. Pfff! Je suis debout depuis des heures !

— Ça ne paraît pas. Tu as le *stamp* de ton oreiller dans le visage, fait remarquer Eddy, en s'appuyant au cadre de porte.

— Tu as de la bave séchée sur le menton, ajoute Thomas, l'air dégoûté.

— Et tes yeux sont encore collés.

— Tes cheveux sont mêlés.

— Tu pues de la bouche.

Franchement ! Ils ne sont pas gênés !

— OK ! OK ! C'est bon ! Vous m'avez réveillée, vous êtes contents ?

— Pour être honnête, non, avoue Thomas, en pénétrant dans la chambre. J'aurais préféré ne jamais te voir comme ça, ajoute-t-il sur un ton moqueur en pointant son index vers moi pour désigner l'ensemble de mon accoutrement. Cette vision va rester gravée dans ma mémoire jusqu'à ma mort. Elle va hanter tous mes cauchemars.

Ses lèvres s'étirent en un minuscule sourire. À peine froissée, je lui donne une tape sur l'épaule et me dirige vers la salle de bain.

— J'en ai pour deux minutes !

Un coup de gant de toilette dans le visage, un brossage de dents express, un tour aux toilettes, et je suis prête. *My God !* Faire pipi pendant que deux gars m'attendent dans la pièce juste à côté, c'est assez embarrassant. Est-ce qu'ils peuvent m'entendre ? J'étire le bras et je tourne le robinet pour faire couler l'eau de l'évier en même temps. Super astuce ! Quand je les rejoins dans la chambre, je me sens un peu plus réveillée et un peu moins fripée.

— Tu es certaine que tu ne veux pas t'habiller ? suggère Eddy en grimaçant. Tu ne vas quand même pas passer la journée en pyjama. C'est un peu bizarre.

Je soupire un grand coup et j'ouvre les tiroirs de ma commode pour attraper les premiers vêtements qui me tombent sous la main. Un autre petit tour dans la salle de bain ; j'en ressors deux minutes plus tard, pyjama à pattes enlevé et vêtements de jour enfilés.

— Bon ! Vous êtes contents ?

— Tout compte fait, tu aurais pu rester déguisée en hamster, déclare Thomas en rigolant. Ce n'est pas beaucoup mieux !

Je lui lance mon pyjama en plein visage et il s'empresse de le jeter au sol avec dédain.

— Bon ! Passons aux choses sérieuses maintenant, dis-je, en me tirant une chaise. Assoyez-vous.

Thomas se laisse tomber sur mes oreillers, tandis qu'Eddy choisit le pied du lit. Juste au moment où je m'apprête à leur exposer mon idée, un raclement de gorge se fait entendre. Oh ! Annabelle ! Je l'avais presque oubliée ! Je pivote et constate qu'elle est encore sous les couvertures, son cellulaire à la main. Je ne sais pas si elle a fait exprès d'attirer notre attention ou si elle a juste la gorge un peu sèche. (J'irais avec la première option à quatre-vingt-dix-huit pour cent.) Je lui fais un grand sourire et lui propose :

— Tu veux te joindre à nous ?

Annabelle relève à peine la tête. Elle me considère un moment et repose les yeux sur son téléphone.

— Non.

— OK. On va commencer sans toi. Tu n'auras qu'à le dire quand tu auras changé d'idée.

Annabelle a peut-être atteint le fond du baril, ça ne veut pas dire que je vais la laisser tomber. Elle souhaite avoir la paix pour l'instant ? Pas de problème ! Mais je vous garantis qu'elle ne résistera pas bien longtemps à la tentation de faire partie de mon projet. Paroles de Morgane ! Plus motivée que jamais, je regarde tour à tour Thomas et Eddy.

— Bon ! Première chose que je dois savoir : est-ce qu'il y avait un journal étudiant dans cette école l'année dernière ?

— *Yes*, répond Eddy en sortant un sac de bonbons de la poche de sa chemise. Il y en a toujours eu un. Pourquoi ?

— Je vais avoir besoin que vous m'en fournissiez des exemplaires.

— Oui, mais pourquoi ? demande-t-il sur un ton insistant.

— Parce que je veux savoir ce qui a été fait auparavant.

— Même question : pourquoi ?

— Varie un peu ton vocabulaire, Eddy, dis-je, en roulant les yeux.

— *Why ?*

Thomas éclate de rire et Eddy me fait un clin d'œil amusé. Puis, il me lance un serpent en gelée. Je l'attrape, le fais tourner dans tous les sens et le lui renvoie aussitôt. Mais Thomas le saisit au vol et lui arrache la tête avec les dents.

— Tu vas répondre à nos questions ou pas ? demande-t-il, en mâchant son serpent.

— Oui. Voilà. En fait, j'ai un incroyable projet en tête. Je veux lancer un tout nouveau journal étudiant.

Je passe les minutes suivantes à expliquer à mes nouveaux amis (est-ce que je peux déjà les considérer comme mes amis ?) tout ce qu'il y a à savoir sur mon parcours de fille curieuse, cultivée et hyper motivée. Je leur vends l'idée de révolutionner le monde du journal étudiant en publiant des articles uniques, dynamiques et au goût du jour. Et ça, je leur propose de le faire avec nulle autre que moi.

Je leur fais lire ce que j'ai commencé à écrire pendant l'été et leur réaction ne tarde pas à venir :

— C'est... C'est..., articule Eddy, en passant la main dans ses cheveux crépus.

— Génial ? dis-je, enthousiaste. Brillant ? Innovateur ? Je peux t'aider à trouver des adjectifs, si tu veux. J'en ai plein la tête.

— Je dirais plutôt que c'est... Différent ?

— Tu es trop poli, Ed, déclare Thomas, en laissant tomber mes articles au sol. Je vais être franc. Personne ne voudra lire ça, Morgane. C'est loin d'être intéressant, ton truc.

QU'EST-CE QU'IL RACONTE, LUI ?

Je me précipite à quatre pattes pour récupérer mes précieux articles, insultée.

— Tu n'es pas gêné ! J'ai travaillé tout l'été pour écrire ça !

— Désolé, mais tu as perdu ton temps, tranche Thomas, sans prendre la peine de m'aider. Si tu veux que les élèves te lisent, tu vas devoir parler de sujets qui les intéressent.

Je dépose ma pile de papiers sur mon lit et je me redresse pour lui faire face.

— Mes sujets sont super intéressants ! dis-je, en levant l'index. C'est toi qui es trop immature pour t'en rendre compte. Hein, Eddy ?

Eddy recule pour s'adosser au mur, songeur. Il avale trois oursons en gelée et propose enfin :

— Je peux m'occuper du volet littérature, *if you want*.

Thomas écarquille les yeux, l'air de dire « espèce de traître ! » et croise les bras pour montrer son désaccord. De mon côté, j'hésite un peu. Je ne veux pas insulter Eddy, mais…

— Mais il faut être un bon lecteur, pour ça. Je veux dire…

Je m'assois à côté de lui pour lui expliquer :

— Pas juste des BD et des magazines. Tu dois être capable de parler de tout. Et en français !

Eddy se penche vers l'avant et me défie du regard.

— Tu me prends pour un inculte, *or what* ?

— Mais non, voyons ! Je dis juste que…

— Quel est le dernier livre que tu as lu ? me demande-t-il.

— Euh, je ne m'en souviens plus trop. Je consulte plutôt les journaux ces temps-ci.

— Eh bien moi, j'en ai lu onze le mois dernier. Tu veux que je te fasse un résumé de chacun d'eux *right now*? Je peux te donner les titres et le nom des auteurs qui les ont écrits, et te faire une critique par ordre alphabétique de sujets, d'époques ou de maisons d'édition. À moins que tu veuilles le faire toi-même, vu que tu es *so smart*!

Sur le lit à côté du mien, j'aperçois le visage d'Annabelle; elle esquisse un sourire. Moi et ma grande trappe*!

— Non, bien sûr que non, dis-je maladroitement.

— Ce n'est pas parce que je suis *black* et que mes parents parlent anglais que je ne suis pas capable d'apprécier un livre et d'en faire la critique.

— Hé! Attention à ce que tu dis! Tu as devant toi la fille la moins raciste de la terre!

Eddy me considère un moment. Il ne le sait pas encore, mais je suis un modèle de tolérance en ce qui a trait à la diversité culturelle. J'aime tout le monde, moi! Pas besoin d'être blanc, grand, beau et riche pour devenir mon ami.

— Je te fais confiance, dis-je, pour clore le sujet. C'est réglé. Tu seras responsable du volet littérature.

Eddy hoche la tête.

---

* **Trappe** – Bouche.

— *Thanks*. Tu ne seras pas déçue. Mais je ne veux pas passer mes soirées là-dessus, alors ne t'attends pas à des dissertations de dix pages. *Right ?*

— Un ou deux paragraphes, ça sera parfait.

À côté d'Eddy, Thomas pose une main sur son menton, l'air de réfléchir.

— C'est bien beau, tout ça, mais je ne comprends pas pourquoi on devrait démarrer un nouveau journal étudiant, alors qu'il y en a déjà un en place, marmonne-t-il, incertain.

— C'est simple. On va offrir quelque chose de différent, dis-je, convaincue.

— Tu ne penses pas que ça va nous attirer des ennuis ? fait Thomas, inquiet.

— C'est vrai, ça, ajoute Eddy, la voix grave. Surtout que c'est Rosalie, la rédactrice en chef !

Cette fois-ci, je ne rêve pas. Annabelle sourit à belles dents ! Elle est vraiment jolie quand son visage s'illumine ainsi.

— J'embarque ! s'exclame-t-elle en se redressant d'un trait. Peu importe ce que vous comptez écrire dans votre journal, j'en ferai partie !

Oh ! Je crois que je viens de réveiller la bête !

— Tu sais, dis-je prudemment, si tu veux faire partie de l'équipe seulement pour te venger de Rosalie, je ne suis pas certaine que ce soit une bonne idée.

— Au contraire ! C'est génial, comme idée ! Je vais la faire suer au max ! Elle va souffrir ! Notre journal va être tellement hot qu'elle va subir la pire humiliation de toute sa vie. Son torchon va se retrouver dans les poubelles le temps de le dire. Il ne sera même pas assez bon pour le recyclage.

J'hésite. Ce n'est pas très sain, une telle animosité. Si elle se laisse dominer par ses émotions, elle risque d'empirer les choses en publiant des articles de mauvais goût. Ce n'est pas le genre d'effet que je voulais créer en lui proposant de se joindre à nous. Je dois la calmer.

— La vengeance n'est pas la meilleure source de motivation pour se lancer dans un projet d'une telle envergure, Annabelle. Peut-être que tu devrais reconsidérer la question.

Thomas répond à sa place, l'air mécontent.

— Lâche-la un peu, veux-tu ? Tu voulais qu'elle se change les idées ? C'est réussi ! On va le faire, ton journal, alors ne nous prends pas la tête avec tes grandes phrases que personne n'arrive à comprendre. Tu parles comme ma mère !

Une partie de moi jubile (j'ai une équipe de travail !), tandis que l'autre partie, un peu moins enthousiaste, se dit que je ne me suis peut-être pas entourée des meilleurs collaborateurs qui soient. Sauf peut-être Eddy. Bon. Qu'à cela ne tienne ! Ce sera à moi de leur enseigner les ficelles du métier. Et ça me donnera la chance d'apprendre à mieux les connaître.

Je m'empare d'un calepin et d'un crayon, et je leur pose mille et une questions. Je veux tout savoir au sujet de leurs goûts, de leurs familles, de leurs projets, de leurs habitudes, de leur façon de voir le monde.

— Sérieux, Morgane ? demande Eddy, impatient, après la dix-huitième question. Tu veux vraiment connaître la marque de mes sous-vêtements préférés ?

— Pourquoi pas ?

— Sous-vêtements de filles ou de garçons ? fait Thomas, soudainement intéressé. Parce que là, tu entres dans mon champ d'expertise ! J'adore les sous-vêtements, ajoute-t-il, en se levant pour nous montrer ce qu'il porte ! Sur moi, je préfère les caleçons très colorés, genre bleu et rouge, ou avec des motifs. Vous voyez ? Un peu comme ça. Mais pour les filles, j'aime mieux les dessous qui…

— On va s'arrêter là! dis-je assez fort pour ne pas entendre le reste de sa phrase. Ça ne m'intéresse pas!

— Ah non? conclut-il pour me narguer, l'œil coquin. Dommage! J'aurais pu te faire une démonstration de ma collection personnelle.

— Pas intéressée!

— Et tu aurais pu me faire une petite parade en retour. Je suis sûr qu'il y a plein de choses très intéressantes dans les tiroirs de ta commode. Comme des petites culottes avec des motifs de Jelly Bean* ou des soutiens-gorge qui éclairent dans le noir!

Je ne connais pas Thomas depuis très longtemps, mais j'en sais assez sur lui pour ne pas m'en faire. Il dit ça pour rire. Ça lui donne un genre. (Un genre pathétique et insignifiant, mais un genre quand même!)

— Bon! On commence ou pas? demande Annabelle, impatiente. Il ne va pas s'écrire tout seul, notre journal!

J'avale en vitesse une barre de céréales qui traînait au fond d'une valise et je sors mon matériel: crayons, papier, musique, ordinateur portable. C'est bon. On est prêts à passer à l'attaque!

* * *

* **Jelly Bean** – Bonbon en gelée solidifiée (dragibus).

— Annabelle ? Dors-tu ?

Ma coloc ne me répond pas. Soit elle dort vraiment, soit elle n'a pas envie de faire la conversation. C'est correct. Elle m'a entendue jacasser toute la journée. Certaines personnes ont besoin de quelques jours (voire quelques mois), pour s'habituer à ma présence en continu. Je peux taper sur les nerfs, parfois. (Au moins, j'en suis consciente. C'est un début, non ?)

— Alors ? Tu dors ou pas ?

Toujours pas de réponse. Bon. Qu'est-ce que je fais ? Je ne suis pas fatiguée, il est juste dix heures. Je ne pensais pas partager ma chambre avec une couche-tôt. (Ou devrais-je dire : couche ultra-ultra-ultra tôt !) Ce n'est pas pour me plaindre, mais disons que ça limite considérablement mes options de divertissement. (Je suis respectueuse des besoins et des autres, quand même !) Je ne peux pas regarder la télé, je ne peux pas allumer la lumière pour lire, je ne peux pas parler au téléphone non plus. Bout de luzerne ! Je ne peux rien faire ! L'année scolaire va être longue !

Allongée sur mon lit, cellulaire en main, je décide de texter ma mère. Je sais, ça va vous paraître bébé, mais je m'ennuie d'elle. Je vous l'ai déjà dit que j'assumais mon côté bébé à cent pour cent, vous vous en souvenez ?

CHAPITRE 4

Moi : Salut, *Mom* ! Toujours debout ?

J'attends. J'attends. La suite ne vient pas. Bon, elle est sûrement couchée. Ou dans son bain. Elle aime bien prendre un bain en fin de soirée. J'essaie avec Louba et Yanie. Leurs parents n'ont pas l'habitude de les laisser texter aussi tard, mais je tente quand même ma chance. Elles me manquent, elles aussi. On aurait tellement de plaisir, toutes les trois, dans la même chambre ! On en rigolerait un coup, ça, c'est certain !

Moi : Hé ! Ma Lou ! Hé ! Yanie !

Aucune réponse. Bon, qu'est-ce que je fais ? Résignée, je ferme les yeux pour essayer de m'endormir, mais, au bout de dix minutes, je comprends que ça ne sert à rien. Je reprends mon cell et tente autre chose.

Moi : Les gars ? Vous êtes là ?

Une réponse me vient presque aussitôt.

Tom : Présent. Mais ne compte pas sur Eddy pour nous faire l'honneur de sa présence. Il a oublié son cell à l'école.

Moi : Bah ! Pas grave ! Je vais me contenter de toi. 😋 Qu'est-ce que tu fais ?

Tom : Je texte Éliane.

Moi : C'est qui, Éliane ?

Tom : Ma blonde*. ♥♥♥

Moi : Cool ! Est-ce qu'elle vient à notre école ?

Tom : Ouaip !

Moi : Est-ce qu'elle est en troisième secondaire elle aussi ? Est-ce qu'elle te connaît bien ? Est-ce qu'elle serait disposée à me rencontrer pour qu'on puisse discuter un peu, toutes les deux ?

Tom : Si tu penses que tu peux la soumettre à un interrogatoire pour obtenir des informations secrètes à mon sujet, tu te mets le doigt dans l'œil. Elle ne dira rien.

Hein?

---

* **Blonde** – Petite amie, amoureuse, copine.

Moi : Tu me sembles sur la défensive. Aurais-tu des choses à cacher, par hasard ?

J'attends la réponse de Tom, mais rien ne vient. Hum, c'est louche. Peut-être qu'il a VRAIMENT quelque chose à cacher !

Moi : Hé ! Es-tu encore là ?

Hi ! Hi ! Hi !

Moi : Youhou !

Moi : J'attends !

Tom : Relaxe, *miss* ! Je répondais à Éliane. Tu n'es pas la seule à réclamer mon attention. Je ne peux pas être partout à la fois. Bon. Qu'est-ce qu'on disait, déjà ?

Moi : Que j'ai très hâte de rencontrer ta blonde.

Tom : Oui, tu pourras la voir dès demain. On s'est donné rendez-vous à l'agora * avant le début des cours. Tu n'auras qu'à venir nous rejoindre, si tu veux.

* **Agora** – Lieu de rassemblement, de détente.

Moi : Oui, dès que j'aurai fini de distribuer le journal.

Tom : Comment ça ? Je croyais qu'on se laissait le reste de la semaine pour le terminer.

Moi : Pas besoin. J'ai fini de l'imprimer tout à l'heure. Je voulais qu'il soit prêt pour le jour de la rentrée. Tant qu'à lancer un nouveau produit, autant faire ça en grand !

Moi : Tu ne crois pas ?

Moi : Tom ? Tu es toujours là ?

Moi : Ne me dis pas que tu es encore avec Éliane ! On est en train de se parler, là ! On appelle ça une conversation !

Moi : Et une conversation, ça se fait à deux !

Moi : Bon ! Comme tu voudras. Je vais être obligée d'éteindre !

Tom : Wow ! Ce n'est vraiment pas ton fort, la patience ! Deux minutes sans répondre et tu montes sur tes grands chevaux. Éliane se couche. Je voulais prendre le temps de lui souhaiter bonne nuit.

Moi : Ce n'est pas long, ça ! Tu écris « Bonne nuit », et c'est tout !

Tom : Tu es la pire des romantiques, dis donc ! Pas étonnant que tu n'aies pas de chum !

Moi : Qui te dit que je n'ai pas de chum ?

Tom : Euh, ton look suffit pour que tu restes célibataire toute ta vie, si tu veux mon avis.

Moi : Ce n'est pas très gentil, ça ! Tu devrais faire attention à tes propos, monsieur je-me-crois-meilleur-que-les-autres-en-amour-parce-que-j'ai-une-belle-gueule.

Tom : Tu trouves que j'ai une belle gueule ? Oh ! Petite coquine ! Tu ne m'avais pas dit ça !

Moi : Ne t'enfle pas la tête. C'était une façon de parler. De toute façon, tu as tout faux. J'ai un chum. On sort ensemble depuis presque un an !

Bout de luzerne ! Qu'est-ce que je raconte ! Mes doigts ont bougé trop vite. Ils ont écrit cet horrible mensonge tout seuls ! Espèces d'indisciplinés !

Tom : Ah oui ? Comment il s'appelle ?

J'ai deux choix. Soit je lui dis la vérité tout de suite — ce qui serait tout à fait humiliant ! —, soit je continue sur ma lancée et je vois où ça me mènera — c'est-à-dire : dans le trouble ! Qu'est-ce que je fais ?

Tom : Ne me dis pas que tu as oublié le nom de ton chum ?

Moi : Pedro.

Quoi ? Pedro ? Qu'est-ce qui me prend ? Ça vient d'où, un nom pareil ? Du Mexique ? De l'Espagne ? Ah ! Que je m'énerve, des fois !

Moi : Pedro De La Fantasia, pour être plus précise. Il vient de la Colombie, c'est le plus beau gars que j'aie rencontré de ma vie et il est super gentil avec moi.

Tom : OK. Si tu le dis !

Moi : Tu ne me crois pas ? Tu me prends pour une menteuse ?

CE QUE TU ES, EN FAIT !

Tom : Non, non. Je suis super content pour toi. J'espère juste que vous allez pouvoir continuer à sortir ensemble même si vous n'habitez plus dans la même ville. Ce n'est pas facile, les relations à distance.

Moi : Je vais faire de mon mieux. Bon, je te laisse. Il est tard.

Tom : OK. Bonne nuit !

Moi : Quoi ? C'est tout ? Tu es le pire des romantiques, dis donc ! ☺

Tom : Qu'est-ce que tu veux que je te dise ?

Moi : Je ne sais pas. Trouve un truc, toi qui es si fin !

Tom : *Laila Tov.*

Tom : Ça te va ?

Moi : *Laila Tov ?* Où es-tu allé pêcher ça ?

Tom : Ma mère me disait ça tous les soirs avant d'aller au lit, quand j'étais petit. Ça veut dire « bonne nuit » en hébreu.

Moi : Ta mère est juive ?

Tom : Elle, non. Mais ses grands-parents venaient d'Israël.

Moi : En tout cas, c'est très mignon.

CHAPITRE 4

Moi : *Laila Tov.* J'aime ça, c'est *cute**. À demain !

Tom : Ouaip ! À demain.

J'éteins mon cell et je réfléchis à ce qui vient de se passer. Je suis vraiment la meilleure des meilleures pour me créer des ennuis. Qu'est-ce qui m'a pris de faire semblant d'avoir un chum ? Je suis une terrible menteuse ! C'est sûr que je vais m'attirer des ennuis avec cette histoire de Pedro qui n'existe même pas. Bon, on dit que la nuit porte conseil. Tant mieux. Je vais avoir besoin de tous les conseils du monde pour m'en sortir sans trop de dommages.

En même temps, un mystérieux amoureux inventé, c'est excitant, non ?

---

* ***Cute*** – Mignon, charmant.

CHAPITRE 5

Le No Name !

CHAPITRE 5

Ça y est, je m'apprête à faire mon apparition dans l'agora avec la toute première édition de notre journal étudiant. Moi, Morgane Tessier, j'ai réussi à me lever à six heures du matin pour régler les derniers détails. (Mes excuses les plus sincères à tous et à toutes pour l'état de mes cheveux et mes énormes poches sous les yeux!) N'ayez crainte, je n'en ferai pas une habitude. Mon horloge interne n'est pas du tout programmée pour ouvrir les paupières avant le lever du soleil.

Le journal est sacrément beau! Bon, ça n'a pas été facile au début, parce que mes collaborateurs et moi n'avons pas tout à fait les mêmes idées en ce qui a trait aux sujets que nous souhaitons aborder. Mais je suis plutôt fière de moi. J'ai réussi à faire des compromis pour plaire à tout le monde. J'ai même accepté de laisser tomber le super nom que j'avais choisi (*Le Visionnaire*) pour un nom provisoire (le *No Name*). Je sais, ça fait «vaguement» penser à une marque de produits bon marché vendus dans les épiceries. Mais c'est en attendant qu'on trouve mieux. Eddy a proposé de lancer un concours et je trouve que l'idée est bonne. Ça va augmenter nos chances de trouver le nom parfait.

J'y suis. Je commence la distribution.

Un par ici, un par là…

ÉDITION SPÉCIALE – **NO NAME** – ÉDITION SPÉCIALE – **NO NAME** – ÉDITION SPÉCIALE

Bonne rentrée, tout le monde !

C'est la fin des vacances et le début d'une nouvelle année scolaire !

Certains diront : « Youppi ! » alors que d'autres auront envie de se rouler en boule et de pleurer jusqu'au mois de juin. Je vous le dis tout de suite : ne faites pas ça ! Pourquoi ? Parce que vous risquez de passer à côté de quelque chose de TROP important. Et aussi parce que les couloirs ne sont pas toujours très propres, on ne se le cachera pas ! Alors, voilà ! Sans plus attendre, je vous dévoile le *scoop* de la rentrée : la rédactrice en chef de votre nouveau journal étudiant est nulle autre que : MOI ! Vous ne savez pas qui je suis ? Normal, je suis nouvelle. Mais ne vous inquiétez pas, je ne passerai pas inaperçue très, très longtemps. Habituellement, je suis assez facile à repérer.

Bref, je m'appelle Morgane et je suis en troisième secondaire. Je me fais un point d'honneur de vous livrer un journal branché, dynamique et divertissant, et qui répond à VOS besoins. Rien à voir avec les parutions de l'année dernière qui étaient, disons… plutôt ennuyeuses. Je n'étais peut-être pas encore arrivée dans cet

ÉDITION SPÉCIALE – ***NO NAME*** – ÉDITION SPÉCIALE – ***NO NAME*** – ÉDITION SPÉCIALE

établissement, mais j'ai eu accès aux archives et je n'ai qu'une chose à dire : pauvre de vous ! Dommage que vous ayez eu à endurer ça toutes ces années !

Maintenant que je suis aux commandes, je peux vous assurer que vous allez avoir un plaisir fou à lire votre journal étudiant. Sans plus tarder, laissez-moi vous présenter mes précieux collègues. Bon, vous les connaissez sûrement mieux que moi, mais vous ne les avez peut-être jamais vus sous ce jour.

Voici Annabelle !

Romantique à souhait, Annabelle est la personne tout indiquée pour vous conseiller dans vos relations amoureuses.

Loisirs : Cinéma, musique, photo.
Repas préférés : Les sushis et le chocolat.
Manie : Plisse le nez lorsqu'elle est contrariée.
Ne sort jamais sans : Son cellulaire.
Rôle au sein du journal étudiant : Courrier du cœur et horoscope.

N'hésitez pas à lui écrire si vous avez des questions relatives à l'amour. Qui sait ? Peut-être vous répondra-t-elle dans le prochain numéro de votre journal étudiant préféré !

ÉDITION SPÉCIALE – ***NO NAME*** – ÉDITION SPÉCIALE – ***NO NAME*** – ÉDITION SPÉCIALE

Voici Thomas !

Apparemment, tout le monde connaît Tom. (N'est-ce pas, les filles ?) Un sourire enjôleur, des yeux plus bleus que la mer des Caraïbes, des bras bien musclés. Ne vous faites pas trop d'idées, cependant. Son cœur est déjà pris. (Pour l'instant !)

Repas préférés : Le steak, la poutine * au steak et les sous-marins ** steak et fromage.
Vêtement chouchou : Sa (trop) vieille casquette des Canadiens de Montréal.
Ce qui le passionne : À part les filles ? La musique, le hockey et son cellulaire.
Rôle au sein du journal étudiant : Les actualités sportives et les petites annonces.

Voici Eddy !

Grand passionné de lecture, il a toujours un livre à la main. Vous avez envie de parler littérature ? N'hésitez pas ! Il a TOUT lu ! Des livres d'horreur aux romans policiers, en passant par les grands classiques.

* **Poutine** – Mets typique au Québec, fait de frites, de sauce et de fromage. La poutine est devenue une sorte d'emblème dans la province.
** **Sous-marin** – Type de sandwich réalisé avec du pain baguette ou un pain long, en opposition au sandwich club réalisé avec un pain de mie carré.

ÉDITION SPÉCIALE – ***NO NAME*** – ÉDITION SPÉCIALE – ***NO NAME*** – ÉDITION SPÉCIALE

Repas préférés : Tout ce qui se réchauffe au four à micro-ondes.
La première chose qu'il fait en se levant le matin : Il ouvre les yeux, les referme, les ouvre encore et les referme à nouveau, jusqu'à ce que ses parents le sortent du lit de force.
Rôle au sein du journal étudiant : Les suggestions littéraires et les mots croisés.

La dernière et non la moindre :
Morgane ! (c'est moi, ça !)

Je me considère comme une fille dynamique et qui n'a pas peur des défis. Soyez assurés que j'assume totalement mon look, au cas où vous vous poseriez la question.

Mon idole de tous les temps : Lady Gaga.
Mon expression fétiche : Le ridicule ne tue pas !
Mon repas préféré : Le chili végétarien.
Les causes qui me tiennent à cœur : L'environnement, la protection des animaux, la faim dans le monde, la guerre,

ÉDITION SPÉCIALE – ***NO NAME*** – ÉDITION SPÉCIALE – ***NO NAME*** – ÉDITION SPÉCIALE

les enfants malades, le compostage efficace, la récupération des matières dangereuses, etc. En voulez-vous d'autres ? Je peux vous fournir une liste, si vous le souhaitez !

Mon rôle au sein du journal étudiant : Éditorial, arts et culture, politique, environnement.

CONCOURS ! – CONCOURS ! – CONCOURS !

Notre super journal n'a pas encore de nom !

Soumettez-nous vos idées et la personne qui aura trouvé le nom le plus original fera LA UNE de notre prochaine édition. Wow ! Une super façon de voler la vedette !

Date limite : 10 septembre.
Lieu : Boîte à suggestions, près du local B-108.

CHAPITRE 5

Tom : Morgane ! Où es-tu ? Je te cherche partout !

Moi : Je suis à l'agora. J'ai commencé à distribuer le journal. Il est vraiment trop beau. Il faut que tu le voies en vrai !

Tom : J'en ai un exemplaire entre les mains, justement ! Je ne te trouve pas drôle. Arrête tout de suite la distribution !

Moi : Hein ? Pourquoi ?

Tom : C'est n'importe quoi, ce que tu as écrit ! Tu n'avais pas le droit de changer ma description sans me demander mon avis !

Moi : Bah ! Tu exagères ! J'ai seulement récrit une ou deux phrases !

Tom : Si tu continues, tu vas ternir ma réputation.

Moi : Tu es capable de la ternir tout seul, ta réputation, si tu veux mon avis !

Tom : Comment peux-tu dire des choses pareilles ? Tu me connais à peine !

Moi : Trois jours, c'est bien assez pour me faire une idée du genre de gars que tu es !

Anna : Moi, je suis d'accord avec Morgane. Son texte est parfait.

Tom : Hé !

Eddy : Moi aussi.

Tom : Hé ! J'ai une blonde, vous saurez ! Je n'ai pas envie qu'elle lise ça !

Anna : Elle va s'en remettre, ne t'en fais pas.

Moi : Au moins, elle saura à quoi s'en tenir !

Tom : Ben voyons ! Je ne suis quand même pas comme ça !

MDR

Anna : Ah non ? Tu ne sortais pas avec Kirah, il y a deux semaines ?

Tom : 👍

Hi ! Hi !

Eddy : Et la semaine d'avant, tu avais un *kick** sur la belle Éléonore ! ♥ ♥ ♥ Tu m'as même dit qu'elle était l'amour de ta vie.

Tom : OK ! OK ! J'ai compris ! Vous avez peut-être « un peu » raison. Mais ce n'est pas ma faute si j'aime tant les filles ! Elles sont toutes belles !

Eddy : Ce n'est pas une raison pour les collectionner. Les filles, ce n'est pas comme tes figurines de Disney ! Tu ne peux pas les ranger dans une boîte quand tu as fini de t'amuser !

Moi : Euh, attendez un peu, là ! Tom, tu collectionnes les figurines de Disney ?

Anna : Elle est bonne, celle-là ! 😄

* **Avoir un *kick* (sur quelqu'un)** – Avoir le béguin (pour quelqu'un).

Tom : Mais non, voyons ! Je n'ai pas deux ans, quand même !

Eddy : Elles sont cachées dans le fond de ta garde-robe. Je les ai vues l'autre jour.

Tom : Veux-tu bien la fermer, espèce de traître ! Je les garde en souvenir, c'est tout !

Moi : Moi, je trouve ça super cool, les figurines de Disney !

Tom : De toute façon, je ne vois pas pourquoi on change de sujet. On était en train de parler du journal étudiant. Anna, tu ne dois pas être contente, toi non plus ?

Anna : Pourquoi ?

Tom : Ben, Morgane a changé ton profil, à toi aussi.

Anna : Oui, et il est parfait.

CHAPITRE 5

Tom : Tu veux vraiment t'occuper du courrier du cœur ?

Anna : Pourquoi pas ?

Tom : Tu viens de te faire planter là ! Ça va te démolir !

Anna : Je te remercie pour ta délicatesse, Tom. C'est très gentil. Mais Morgane et moi, on en a discuté et on pense que ça peut être très thérapeutique dans mon cas.

Eddy : *Of course !* Tu es super bien placée pour te mettre dans la peau des filles en peine d'amour. Tu sauras quoi leur répondre. Je trouve que c'est une *good idea*, moi aussi.

Anna : Et ça va me donner l'occasion de me venger de Rosalie.

Tom : Moi, je continue de penser que Morgane n'aurait pas dû faire des changements dans le journal sans nous en parler.

Eddy : *Anyway*, c'est trop tard. Elle a déjà fini de le distribuer. *Right, Mo ?*

Moi : Je suis curieuse... As-tu la figurine de Goofy, dans ta collection, Tom ? C'est mon personnage préféré. Il me fait trop rire avec son drôle de chapeau et ses grandes oreilles.

Eddy : Lâche les figurines, Morgane !

Moi : Est-ce que tu accepterais de me les montrer, un de ces jours ?

Eddy : Morgane ! *Wake up !* Journal étudiant ! Tu es avec nous, oui ou non ?

Moi : Oui ! Oui ! Désolée, je me suis laissé distraire.

Moi : La première édition du journal est parfaite. On ne change rien. En plus, le concours va faire fureur, je le sens.

Moi : Vous me rejoignez à l'agora ?

Eddy : J'y suis depuis dix minutes.

CHAPITRE 5

Je tourne la tête dans tous les sens et je repère rapidement Eddy — facile, il n'y a pas des tonnes de Noirs dans cette école. Il est bien installé dans les marches de l'agora, cellulaire dans une main, poignée de bonbons dans l'autre.

Moi : Pourquoi tu ne m'as pas aidée à distribuer les exemplaires ?

Eddy : Bah ! Trop fatigant. Mais tu étais super bonne ! Tu as fait ça comme une pro !

Moi : 😋

Eddy : Bon ! Vous arrivez ou pas ?

Anna : Je passe aux toilettes et j'arrive.

Eddy : Pas besoin. Ton maquillage est parfait. Tes cheveux aussi. Et tes vêtements sont magnifiques.

Anna : Tu ne m'as même pas vue encore !

Eddy : Non, mais je te connais. Je sais que tu es belle comme un cœur.

Anna : Tu es toujours gentil, toi !

Moi : Bon ! Ça suffit, les mamours ! Ramenez vos fesses au plus vite si vous voulez qu'on ait le temps de se voir avant que les cours commencent !

Tom : Les mamours ? Ed, ne me dis pas qu'Anna et toi ?

Hi ! Hi !

Anna : Mais non, voyons !

Eddy : Es-tu malade ? Je l'aime bien, notre petite princesse, mais elle ne m'intéresse pas du tout. *By the way*, je sais reconnaître une fille qui a de la classe. Et toi, Anna, tu as de la classe !

Anna : Merci beaucoup !

Tom : Je ne peux pas en dire autant de Morgane. Sérieux, Mo, je te vois de loin, tu as vraiment choisi de porter ce t-shirt le jour de la rentrée ?

CHAPITRE 5

Moi : Quoi ? Tu ne l'aimes pas ? Je l'ai commandé sur Internet. Il est cool, hein ?

Tom : Ben, disons qu'il est un peu...

Eddy : Intense ?

Tom : Dégueu ?

Eddy : Affreux ?

Anna : Attendez-moi, j'arrive !

C'est comme ça que commence ma première journée de cours dans cette nouvelle école. L'agora. Des amis. Des fous rires. Je sens qu'on va s'amuser ! Même si on n'est pas toujours d'accord sur tout. Même si on est différents les uns des autres. Même si mon t-shirt ne fait pas l'unanimité. (Il faut croire que ce n'est pas tout le monde qui aime voir l'intérieur d'un corps humain sur un bout de tissu. Personnellement, je trouve le résultat époustouflant !)

Un cell à la main, on prend une photo afin d'immortaliser ce précieux moment.

— Poussez-vous, je ne veux pas toucher au t-shirt de Morgane, lâche Anna, dégoûtée. Et je ne veux pas que les autres me voient à côté d'elle non plus, ajoute-t-elle, en jetant des regards nerveux aux élèves qui circulent dans l'agora.

— Tu devrais te tourner, me propose Thomas, en me saisissant par les épaules. Ton t-shirt est sûrement plus beau de dos !

— Non ! intervient Eddy avant que j'aie eu le temps de bouger. Si elle se tourne, on va voir les trucs étranges qu'elle a dans le fond de la tête, précise-t-il, en pointant ma coiffure.

Anna me contourne et inspecte mes cheveux du bout des doigts. Autour de nous, j'entends des gens se moquer.

— Qu'est-ce que…, bégaye-t-elle. Tu es sérieuse, Morgane ? Des pantoufles ?

— Ce ne sont pas des pantoufles ! dis-je pour me défendre. Ce sont des minipelotes de laine.

— Pourquoi ? demande-t-elle, découragée. Tu prévois de tricoter pendant tes cours ?

— Mais non, voyons ! C'est pour faire joli !

— Raté ! dit Eddy, en toussant dans sa main pour que je l'entende juste à moitié.

Je le pousse avec l'une de mes épaules pour lui faire comprendre qu'il n'est pas drôle.

Il me chatouille la taille et je le repousse parce que je déteste ça. Derrière nous, Thomas allonge les bras et nous serre contre lui, tandis qu'Annabelle s'étire pour essayer de nous cadrer tous les quatre. On dit « *Cheeze !* » et on prend la plus belle et la plus vivante des photos de début d'année de tous les temps.

CHAPITRE 6

Organes et désespoir

CHAPITRE 6

Mon premier cours se déroule dans la classe de monsieur Falardeau — que je pourrais aussi rebaptiser monsieur Coincé, d'après ma première observation. Pour vous donner une idée du personnage, ce prof-là, c'est : chemise, veston, cravate, lotion après-rasage, gel dans les cheveux, barbe taillée aux ciseaux, ongles manucurés (sans le vernis quand même !) et chaussures cirées. Vous voyez le genre ? Rien à voir avec moi ! On est aux antipodes, tous les deux ! Ma mère m'a toujours dit qu'il ne fallait pas se fier à l'apparence des gens pour se faire une opinion d'eux. J'essaie. Vraiment. Mais ce n'est pas toujours facile.

Si je laissais mon imagination déployer ses ailes, je dirais que monsieur Falardeau habite une maison de plain-pied bien entretenue de la rue Champfleury, qu'il a une femme et deux enfants — un garçon et une fille, évidemment ! —, qu'il fait de l'activité physique tous les jours pour se garder en forme, qu'il met des sous de côté pour ses vieux jours et que, de temps en temps, il se permet de manger des chips en regardant la télé. Mais pas trop souvent, parce que les chips, ce n'est pas bon pour la santé.

J'espère donc que monsieur Coincé et moi allons nous entendre. L'idéal, ce serait que je réussisse à passer inaperçue, mais soyons honnêtes : je doute que ce soit possible.

Il y a quand même un aspect positif, dans tout ça : Anna est dans le même cours que moi. Elle va donc pouvoir m'aider si je ne comprends rien aux statistiques, aux probabilités ou aux expressions algébriques. Je suis plutôt bonne à l'école et je me débrouille bien dans la plupart des matières, mais les math, ce n'est vraiment, mais vraiment pas ma tasse de thé. (Tiens, je suis sûre qu'il en boit, du thé, monsieur Falardeau. C'est tellement plus zen que le café !) Au fait, est-ce qu'Anna est bonne à l'école ? Aucune idée ! Il faudrait que je m'informe un peu sur ses performances scolaires avant de m'en remettre à elle.

Dès que j'entre dans le local, je ne peux pas faire autrement que de m'immobiliser net. Incroyable ! Un vrai régal pour les yeux ! Il y a au moins dix exemplaires du *No Name* qui circulent parmi les élèves. Ils le lisent, l'inspectent, le commentent à voix basse. J'ai envie de me précipiter vers eux pour savoir ce qu'ils en pensent, mais Annabelle m'agrippe par le bras et chuchote à mon oreille :

— Wow ! Tu as vu ça, Morgane ?

— Oui ! C'est fou ! Je n'arrive pas à y croire !

— Il est encore plus beau que l'année dernière ! ajoute Anna, les yeux brillants.

— Tellement !

— Et tu as vu son teint bronzé ? Ça lui va bien, tu ne trouves pas ?

HEIN ? SON TEINT BRONZÉ ?

— Euh, c'est quand même juste du papier et de l'encre !

Le sourire d'Annabelle disparaît de son visage. Le nez plissé, elle tourne la tête vers moi et me demande :

— De quoi tu parles ?

— Du journal, évidemment ! Et toi ? De quoi tu parles ?

Pour toute réponse, elle me pointe le devant de la classe, l'air de dire : « C'est évident, voyons ! » Mais c'est sûrement une erreur ! Monsieur Falardeau ? Dites-moi que c'est une blague ? Il a au moins quarante ans ! C'est un dinosaure ! Une antiquité ! Un fossile !

— Quoi ? Tu es complètement folle, Anna ! Ne me dis pas que tu tripes* sur le prof de math ?

* **Triper (sur quelqu'un)** – Aimer (quelqu'un).

— Mais non, voyons, grosse nouille ! lâche-t-elle en s'esclaffant et en essayant de ne pas rire trop fort. Je te parle de Greg !

— C'est qui, ça, Greg ?

Elle me montre le gars juste à côté du bureau du prof. Il parle avec deux jolies filles.

— Hé ! Tu n'étais pas en peine d'amour, pas plus tard qu'hier, toi ?

— Justement ! C'était hier. Je ne vais pas passer l'année à me lamenter sur mon sort.

— Non, mais une semaine ou deux pour t'en remettre avant de sauter dans les bras d'un autre, ça serait peut-être une bonne idée.

— Justement ! C'est déjà fait ! J'ai pleuré sans arrêt pendant deux semaines. Je ne mangeais plus. Je ne dormais plus. J'avais honte. J'étais humiliée. Je voulais détruire la terre entière. Là, c'est assez. La vie reprend aujourd'hui ! Je ne vais sûrement pas donner la satisfaction à Rosalie de me voir malheureuse. Encore moins à Justin !

— Wow ! Tu m'impressionnes ! J'admire ta détermination. Tu veux que j'aille parler à Greg ?

— Ça ne va pas, la tête ! proteste Annabelle en me tirant le bras pour me traîner de force jusqu'au fond de la classe.

Elle se choisit un bureau et je m'assois à côté d'elle, un peu confuse.

CHAPITRE 6

— Qu'est-ce qu'il y a ? Je suis sûre que Greg ne sait pas que tu es intéressée. Je vais aller le voir…

— Non ! Morgane ! chuchote-t-elle en me saisissant le bras pour m'empêcher de bouger. Si tu fais ça, je ne te parle plus jusqu'à la fin de mes jours ! ajoute-t-elle paniquée.

— Tu ne seras jamais capable. On dort dans la même chambre, tu t'en souviens ? lui dis-je en faisant semblant de me lever.

— Je ne te parle plus jusqu'à la fin de la semaine, alors !

— Impossible !

— La fin de la journée ? La fin du cours ?

Je secoue la tête de gauche à droite, un sourire satisfait sur mon visage.

— Bah ! Laisse tomber ! Fais donc ce que tu veux !

Elle croise les bras et s'appuie au dossier de sa chaise. J'ai juste envie de rire, parce que, franchement, elle est très drôle. Comme si j'allais me mêler de ses histoires de cœur ! Je n'ai pas assez d'expérience avec les garçons pour mériter le rôle d'entremetteuse. Ça serait un vrai désastre !

— Veuillez vous asseoir, on va commencer.

Monsieur Falardeau ferme la porte de la classe, lisse ses cheveux et s'installe derrière son bureau pour nous expliquer le fonctionnement du cours et les règles qu'il souhaite mettre en place « pour un déroulement optimal et des résultats efficaces dans vos capacités d'apprentissage et de mise en application des stratégies d'enseignement, et blablabla ».

Son monologue s'éternise. Il nous parle d'un ton morne, sans expression et sans passion. Personne ne l'écoute. Anna parcourt la pièce du regard, les yeux brumeux, tandis que je prends des notes pour le prochain numéro du *No Name*.

— Et vous comprendrez qu'on ne peut pas se permettre de perdre son temps avec des blagues idiotes ou des commentaires inappropriés, ajoute le prof, avant de s'interrompre brusquement.

Dans la classe, c'est le silence total. Puis, des chuchotements s'élèvent. La moitié du groupe ne réalise pas tout de suite qu'il se passe quelque chose. Moi non plus, d'ailleurs. C'est au moment où Anna me donne un coup de coude que je comprends que monsieur Falardeau a les yeux fixés sur moi. Pas le genre de regard qui dit : « Tiens, tiens, cette jeune fille n'est pas très attentive, je devrais peut-être la ramener à l'ordre. »

Mais plutôt: «Oh! Mon Dieu! Quel genre de parent peut laisser sa fille aller à l'école accoutrée comme ça? C'est une horreur! Une abomination! Un scandale!»

— Quittez ma classe immédiatement, m'ordonne-t-il, la voix étouffée.

On dirait qu'il va vomir. Il a les lèvres pincées. Il est vert. Une goutte de sueur coule le long de sa tempe. (Un peu intense, non?) Je ne vais quand même pas m'en aller sans explication. Je croise les bras et lui demande:

— Pourquoi?

— Vous osez me demander pourquoi? articule-t-il, les yeux exorbités.

— Ben, oui!

Reste polie, Morgane! Reste polie!

— Je n'ai rien fait de mal, dis-je, la voix posée et le visage neutre. Je n'ai pas bavardé, je n'ai insulté personne, je ne vous ai pas lancé de boules de gomme derrière la tête, alors je ne vois pas ce qui justifie mon renvoi de la classe.

— Votre t-shirt à lui tout seul justifie ma décision, explique monsieur Falardeau. Sortez d'ici!

Je me lève. Non pas pour exécuter ses ordres, mais pour plaider ma cause. Sauf qu'en agissant ainsi, j'offre une vision bien plus détaillée de mon t-shirt au prof, qui tourne la tête pour ne pas avoir à me regarder. Ça lui donne l'air d'un chien qui vient de se faire gronder. Pathétique ! Dans la classe, les chuchotements s'intensifient.

— Je suis désolée si je vous ai offensé, mais je ne mérite pas d'être expulsée parce que mes vêtements ne correspondent pas à vos goûts.

— Ce n'est pas une question de goût. Le règlement de l'école stipule…

— Le règlement interdit les vêtements troués, déchirés, qui symbolisent la violence, la discrimination, la consommation de drogues ou d'alcool et tout autre geste jugé immoral aux yeux de la société. Ce n'est pas le cas de mon t-shirt. Il représente le corps humain dans son ensemble.

— Ce sont des organes !

— Oui, les mêmes organes qui sont à l'intérieur de votre corps et de celui de tous les élèves ici présents. Il n'y a pas d'éclats de sang ni de lambeaux de chair décomposée. C'est juste une représentation sincère et fidèle de l'anatomie humaine. Si on était en faculté de médecine, vous seriez très heureux de mon choix vestimentaire.

Monsieur Falardeau se mord la lèvre. Il sait que j'ai raison. Sans attendre qu'il m'en donne l'ordre, je me rassois à mon bureau et je l'invite à poursuivre son cours d'un geste de la main. Il a besoin de quelques secondes pour reprendre ses esprits, puis il ouvre son manuel. C'est parti ! L'année scolaire commence ! Et je m'en sors plutôt (pas mal !) bien.

* * *

La cafétéria est bondée. C'est bruyant. C'est chaotique. Ça sent toutes sortes de trucs (un mélange de pâté au saumon et de poulet général Tao* réchauffés au four à micro-ondes, de pain de viande de la cantine et de gâteau aux carottes et à la cannelle). Bref, il faut avoir l'estomac solide pour se nourrir dans cet environnement.

Thomas et Eddy sont déjà installés à table. Je m'approche d'eux avec mon plateau, pressée de leur raconter ma matinée.

— Vous auriez dû me voir pendant le cours de math, les gars ! J'ai été trop forte !

— Vraiment ? demande Thomas pour me narguer. Ne me dis pas que tu connais tes tables de multiplication ? Wow ! Tout un exploit, en effet !

— Ha ! Ha ! Tu es un petit comique, toi ! dis-je en grimaçant. Non, j'ai fait preuve d'un sang-froid et d'une débrouillardise hors du commun

* **Poulet général Tao** – Mets d'origine asiatique composé de petits morceaux de poulet frits enrobés dans une sauce sirupeuse sucrée.

pour me sortir d'une situation embarrassante qui aurait pu virer au drame.

Thomas lève les yeux au ciel. Il déteste quand je m'exprime de cette façon.

— Peux-tu être plus claire ? lance-t-il, la bouche pleine. Sinon, je vais aller m'asseoir ailleurs. Il y a plein de place de libres dans la cafétéria.

Je prends une gorgée de mon jus et leur explique mon affrontement avec monsieur Falardeau. Je n'oublie aucun détail : mes arguments, plus solides que le roc, le visage déconfit du prof quand il a compris qu'il n'avait aucun pouvoir sur moi, l'expression admirative des élèves, jusqu'à ce que je remarque le regard en point d'interrogation d'Eddy.

— Hé ! Tu m'écoutes ou pas ?

— Oui… Non… *Sorry*, mais, tu vas manger autre chose que des patates et des haricots, hein ? demande-t-il, inquiet, en pointant le contenu déprimant de mon assiette.

— C'est tout ce qu'il y a à la cantine, dis-je, pour me justifier.

— Ben non, justement, me contredit-il en relevant les épaules. Il y a du pain de viande et du jambon à l'ananas.

CHAPITRE 6

Je grimace à l'idée d'avaler ces trucs infects et lui explique :

— C'est tout ce qu'il y a d'écologiquement responsable, sans exploitation et sans cruauté animale.

Thomas laisse tomber sa pointe de pizza pepperoni et bacon, s'essuie la bouche avec la main et exprime son dégoût sans ménagement :

— Yark ! Tu es végétarienne ?

— Comment ça, yark ? As-tu vu ce que tu manges ? C'est ça, qui est yark ! Ton truc est bourré de produits chimiques, de gras, de sel, de sucre et d'animaux ! Et tous les autres ? dis-je, en pointant les élèves assis à la même table que nous. Tu as vu ce qu'ils ont dans leur assiette ? C'est immonde !

Oups ! J'ai peut-être parlé un peu trop fort ! Les filles à ma droite cessent subitement de parler et les élèves assis derrière moi me lancent des morceaux de jambon sur la tête. Franchement !

— Au moins, on se nourrit ! se défend Thomas, en faisant signe à ses amis de me laisser tranquille.

— Je n'appelle pas ça me nourrir, fais-je en retroussant le nez. C'est du poison, tout ça !

Eddy pose une main sur mon bras beaucoup trop blanc comparé au sien et se penche vers l'avant pour que personne d'autre que Tom et moi ne puisse l'entendre.

— Es-tu anorexique, Morgane ? Parce que si c'est le cas, on peut t'aider à obtenir de l'aide.

— Anorexique ? Voyons, Eddy ! J'aime beaucoup trop manger pour être anorexique !

— Les troubles alimentaires peuvent toucher *anybody**, précise-t-il, sans détourner les yeux des miens. Ma cousine…

— Je ne veux pas connaître l'histoire de ta cousine, Eddy. Désolée, mais je n'ai aucun trouble alimentaire. Je fais des choix responsables, c'est tout !

— Je veux bien, mais tu vas mourir de faim si tu ne manges pas plus que ça.

— Mourir de faim ? Aucune chance ! Ne t'inquiète pas pour moi, je vais trouver une solution. Et là, je pense qu'on peut changer de sujet.

Thomas croque à belles dents dans sa pizza dégoulinante, Eddy prend une bouchée de sa lasagne et moi… Eh bien, moi, je déguste ma patate bouillie. Miam ! (Euh... Non !)

— Où est Anna ? demande tout à coup Eddy, inquiet. Elle ne vient pas manger avec nous ?

— Je ne sais pas. Je ne l'ai pas vue depuis la fin de notre cours de math. Attends, je vais la texter.

* ***Anybody*** – N'importe qui.

CHAPITRE 6

Moi : Hé ! Où es-tu, Anna ?

Anna : Dans le local du journal étudiant.

Moi : Oh ! Bonne idée de vérifier si on a reçu des choix de noms dans la boîte à suggestions. Il y en a beaucoup ? Lequel est ton préféré ?

Anna : En fait, je n'ai même pas regardé.

Moi : Qu'est-ce que tu fais là, alors ?

Anna : Je mange.

Moi : Toute seule ? Pourquoi ?

Thomas sort son cell et décide de se mêler de la conversation.

Tom : On est à la cafétéria. Viens nous rejoindre !

Anna : Impossible ! Cette nuit, j'ai rêvé que je sortais de ma chambre sans m'habiller et que j'arrivais toute nue à la cafétéria. Devant tout le monde !

Moi : Ce n'était qu'un rêve, voyons !

Anna : Ensuite, je me dirigeais vers l'escalier pour discuter avec un morceau de quiche. Ça veut tout dire !

Moi : Euh, ça veut tout dire quoi ?

Eddy s'impatiente à mes côtés.

— Qu'est-ce qu'elle fait ? Elle vient ou pas ?

— Attends. On a des problèmes de quiches à régler.

— Hein ?

Il s'empare lui aussi de son téléphone et la discussion se poursuit à quatre.

Anna : C'est évident, voyons ! Si j'ai le malheur de mettre les pieds dans la cafétéria, tout le monde va me montrer du doigt et rire tellement fort que les lumières au plafond vont éclater.

Moi : Pourquoi tout le monde rirait de toi ? Tu es habillée, non ? S'il te plaît, dis-moi que tu es encore habillée !

Anna : Mais oui ! Franchement ! C'est juste que les rêves ne mentent pas. Il faut savoir les interpréter.

Moi : Et toi, tu sais le faire ?

Eddy : Anna est la spécialiste des rêves.

Anna : Crois-moi, ma vie va s'écrouler si je vous rejoins.

Soudain, je comprends. Anna est en train d'inventer n'importe quoi ! Elle essaie de se défiler pour ne pas avoir à affronter ses peurs.

Moi : C'est à cause de Rosalie, hein, c'est ça ? Tu es paniquée à l'idée de la croiser dans les couloirs ?

Anna : Tellement pas ! Rosalie ne me fait pas paniquer. Je me fiche bien d'elle. Elle a essayé de me parler, dans le cours de français. Elle veut s'excuser, tu imagines ? Pour qui elle me prend ? Mais je l'ai ignorée.

Hein ?

Moi : Vraiment ? Est-ce qu'elle t'a parlé du journal étudiant ? Elle est furieuse qu'on ait lancé le *No Name* ?

Anna : Non. Elle m'a même dit qu'elle nous laissait la voie libre. Elle ne veut plus s'occuper du journal.

Moi : C'est vrai ? Ah ! C'est un peu plate *, ça !

Anna : Tu n'es pas contente ?

Moi : Oui, oui ! Seulement, j'aimais bien l'idée d'avoir un concurrent. Ça ajoutait un peu de piquant. Mais bon. Ça n'explique pas pourquoi tu m'inventes une histoire de rêves et de quiches.

Eddy : Moi, j'ai compris. C'est à cause de Justin. *Right*, Anna ?

Anna met quelques secondes à répondre.

Anna : Tu me connais trop, Ed ! La vérité, c'est que j'ai peur de me mettre à pleurer comme un bébé si je le croise. Je l'aime ! ♥

* **Plate** – Ennuyeux.

CHAPITRE 6

KOI ?!

Moi : Je croyais que c'était de l'histoire ancienne ! Ce matin, tu disais que tu l'avais déjà oublié.

Anna : Comment je pourrais l'oublier ? Il est trop parfait ! Il me manque, tu n'as pas idée ! Ce gars-là me chamboule complètement.

Vraiment ? Chanceuse ! Pourquoi aucun gars ne m'a jamais chamboulée complètement, moi ? Bon, j'ai déjà eu une ou deux petites batailles de papillons dans le ventre, mais sans plus. Et ça n'a jamais duré plus que quelques heures. Pas de quoi former un couple très solide ! Oh ! C'est vrai ! J'ai dit à mes amis que j'avais un chum ! Je ne dois pas oublier de parler de lui de temps en temps !

Moi : Oui, je comprends, Anna. L'amour, c'est vraiment intense ! Je n'ose pas imaginer comment je réagirais si Pablo me laissait tomber.

Tom : Je croyais que ton chum s'appelait Pedro !

Bout de luzerne ! C'est bien trop vrai ! Je suis en train de m'emmêler dans mes mensonges !

Moi : Oui. C'est bien Pedro. Désolée, c'est la faute du correcteur automatique ! En tout cas, je vais t'aider à traverser ça, Anna. Tu n'es pas toute seule !

Tom : Je suis là, moi aussi.

Hi ! Hi !

Eddy : Yep ! Moi aussi !

Anna : Vous êtes vraiment gentils ! La vérité, c'est que je ne sais pas comment je vais réagir quand je vais voir mon ex se promener dans les corridors avec une autre fille.

Tom : Pas n'importe quelle fille ! Ta meilleure amie !

Je donne un coup de pied à Tom sous la table. Il pourrait faire preuve d'un peu plus de délicatesse, franchement ! Un vrai gars !

Anna : Rosalie est maintenant mon ex-*best* ! Nuance.

CHAPITRE 6

Moi : Je peux t'aider à la détester, si tu veux !

Anna : Bonne idée ! Parce qu'en réalité elle n'est pas si géniale que ça.

Moi : Moi, je trouve qu'elle n'est pas très jolie. Et elle a les dents de travers. Et le nez trop long.

Anna : Tu l'as déjà vue ?

Moi : Non ! Mais je suis sûre qu'elle pue !

Anna : LOL !

Moi : Bon. Attends-moi. J'arrive.

Anna : Non, non, ça va aller. Je suis bien toute seule. Misérable. Délaissée. Incomprise. Abandonnée de tous.

Mon cell se retrouve dans le fond de ma poche en un rien de temps.

— Qu'est-ce que tu fais ? demande Thomas, intrigué.

— Je vais rejoindre Anna, voyons !

— Pourquoi ?

— Comment ça, pourquoi ? dis-je en me levant de mon banc. Quand une amie a besoin de toi, tu ne fais rien pour l'aider ?

— Elle t'a répondu qu'elle était bien toute seule, me répond Thomas en haussant les épaules. Je pense qu'il faut respecter ça, non ?

C'est plus fort que moi, je lui donne une petite claque en arrière de la tête. Tu parles d'un idiot !

— Hé ! se plaint Thomas, en se massant le crâne de façon exagérée. Qu'est-ce qui te prend ?

Il jette un œil aux environs pour s'assurer que personne n'a été témoin de la scène, mais tout le monde s'en fiche un peu. J'en profite pour me pencher et murmurer à son oreille :

— Pour un gars qui a eu des centaines de blondes, je trouve que tu ne décodes pas tellement bien le langage des filles.

— Je n'ai pas eu des centaines de…

— Peu importe ! Si Anna te dit qu'elle est bien toute seule, tu ne dois pas en croire un mot. Tu te lèves et tu y vas. Compris ?

Thomas croise les bras, bourru. Eddy semble un peu plus convaincu.

— *Let's go!* ordonne-t-il, en rangeant le reste de son repas dans son sac à lunch. On finira de manger là-bas.

Thomas se lève en soupirant et nous suit à l'extérieur de la cafétéria. Une fois dans le corridor, il me donne un coup de coude pour attirer mon attention.

— Une chance qu'Anna n'est pas avec nous, chuchote-t-il en pointant un couple en train de s'embrasser devant les toilettes des filles. Elle serait dévastée de les voir ainsi.

Je regarde la brunette et le grand blond se nettoyer le fond de la bouche avec la langue — un peu intense, le bécotage ! — et je comprends :

— Ce sont eux, Justin et Rosalie ?

— *Right !* me confirme Eddy en continuant d'avancer, les poings serrés. Ne t'arrête surtout pas, sinon je vais leur dire ma façon de penser.

— Attends ! dis-je, intéressée. Je pourrais…

— Non ! tranche Thomas, en m'agrippant par le bras. Tu ne vas pas les voir et tu ne vas pas leur demander une entrevue non plus, continue-t-il en me traînant de force jusqu'au local du journal étudiant.

— OK. Comme tu veux ! Mais lâche-moi, je suis capable d'avancer toute seule.

Je pousse la porte du local B-108 et je retrouve une Anna esseulée, déprimée et, surtout, bien soulagée de nous voir arriver. On essaie de la faire rire. On lui remonte le moral. On fait des blagues. On prend des photos.

Et moi, je tente de passer par-dessus mon énorme déception (Sérieux ! Personne n'a encore proposé de nom pour le journal étudiant !) pour me concentrer sur le bonheur de mon amie.

CHAPITRE 7

Belles familles

CHAPITRE 7

Anna : Comment ça va, *miss* ? Tu passes un beau week-end ?

Moi : Oui. Ça fait du bien de passer du temps avec ma mère. Et toi ? Est-ce que tu te sens un peu mieux ?

Anna : Bof. J'essaie de me convaincre que le pire est derrière moi.

Moi : C'est bon, ça !

Anna : Le problème, c'est que je m'ennuie à mourir. Je n'ai rien à faire. J'ai fini mes devoirs, il n'y a rien de bon à la télé et je suis toute seule à la maison.

Moi : Appelle des amis.

Anna : Je préfère les texter.

Je suis contente de savoir qu'Annabelle me considère comme son amie, mais ça me surprend qu'elle se tourne vers moi en premier lieu. Elle n'a personne d'autre ? Aucune autre fille avec qui elle s'entend bien ?

C'est vrai qu'elle a perdu sa meilleure amie et son chum du même coup !

Anna : J'ai écrit aux gars, mais Eddy a une soirée dans sa famille et Thomas joue au hockey. Toi ? Qu'est-ce que tu faisais ?

Moi : J'étais en train de dresser une liste des sujets à aborder pour le premier vrai numéro du journal.

Anna : Dis-moi tout ! Ça va me changer les idées.

Moi : OK. Tout d'abord, j'aimerais faire une entrevue avec la directrice de l'école.

Anna : Avec la directrice ? Pourquoi ? Ça va être d'un ennui mortel !

Moi : Non, justement. Je veux réaliser une entrevue différente, qui va permettre aux élèves de la voir sous un jour nouveau.

Anna : Je pense que personne n'a envie de savoir ce qu'elle mange pour déjeuner.

Anna : Ni d'entendre parler de son chat, de ses deux enfants et de son mari trompettiste, d'ailleurs.

Moi : Son mari est musicien ? Génial !

Anna : Je n'en ai aucune idée, Morgane, je disais ça comme ça. Je ne sais même pas si elle est mariée. Ça te donne une idée à quel point sa vie m'intéresse ! Sans rire, trouve autre chose. C'est trop ennuyant.

Moi : Comme quoi ? Un article sur l'importance d'instaurer un système de compostage à même la cour d'école ?

Anna : Ennuyant. 😴

Moi : L'utilisation de l'énergie solaire pour augmenter les capacités d'attention des élèves en classe ?

Anna : Ennuyant fois mille.

Moi : Tu refuses toutes mes idées ! Oh ! Je sais ! On pourrait proposer aux élèves de s'engager de façon bénévole au sein de la communauté ; ils pourraient ensuite écrire des articles pour nous faire part de leur expérience.

Anna : Arrête, je vais vomir !

Moi : OK. J'abandonne ! Qu'est-ce que tu suggères ? Qu'est-ce qui intéresse les jeunes de cette école ?

Anna : Je ne sais pas trop. On devrait faire un sondage, tiens !

Moi : Un sondage ? Bonne idée ! Je m'en occupe !

Anna : Non, laisse-moi faire, ça me tiendra occupée.

Moi : Es-tu sûre ? Je peux te donner des pistes, si tu veux. Je suis super bonne pour rédiger des questions à choix multiples.

NON ?!

CHAPITRE 7

Anna : J'ai une meilleure idée ! Viens chez moi, on fera ça ensemble.

Moi : Ça me tente ! Où habites-tu ?

Anna : Près de l'école.

Moi : Oh ! C'est à plus d'une heure de chez moi. Impossible.

Anna : Tes parents ne pourraient pas venir te reconduire ?

Moi : Non. Ma mère est sortie faire des courses. De toute façon, elle ne voudrait pas. C'est trop loin.

Anna : Et ton père ?

Moi : Mon père ? Envolé depuis longtemps !

Anna ne répond pas tout de suite. Je lui ai balancé l'info comme si je lui parlais de la pluie et du beau temps. Normal qu'elle soit choquée. Mais je ne suis pas du genre à prendre des gants blancs quand j'aborde le sujet. Mon père est parti quand j'étais bébé. Fin de l'histoire.

Anna : Est-ce qu'il est mort ?

Moi : Aucune idée. La dernière fois que je l'ai vu, j'avais deux ans, alors je ne me souviens même pas de son visage. Ma mère et moi, on a vite appris à vivre sans lui.

Anna : Je suis vraiment désolée. C'est super triste. Tu n'as pas de frères ni de sœurs ?

Moi : Non. Juste un furet, deux tortues, un chien, un chat et une perruche. 😉

Anna : Wow ! C'est vrai ? Tu veux t'ouvrir un zoo ou quoi ?

Moi : Presque. Et chez toi, ça ressemble à quoi ?

Anna : Un chat, un grand frère et un père qui n'est presque jamais là.

Là, c'est moi qui hésite. Pas de maman? Ouf! J'ai toujours bien vécu sans mon père, mais je ne sais pas si j'aurais réussi à être heureuse sans ma mère. Ce n'est pas du tout la même histoire. Anna poursuit avant que je lui pose la question qui me démange:

Anna: Ma mère est morte d'un cancer il y a cinq ans. C'est tout. Je n'ai pas envie d'en parler.

Moi: OK. Fin du sujet. Mais il y a une chose que je ne comprends pas. Pourquoi passes-tu tes semaines à la résidence si tu habites près de l'école? Tu pourrais retourner chez toi tous les soirs, non?

Anna: Oui, mais si je faisais ça, mon père serait obligé de s'intéresser à moi. Il serait même obligé de me parler et d'entretenir une conversation, tu imagines?

Pas besoin d'avoir un diplôme en études comportementales pour comprendre qu'Anna utilise le sarcasme pour cacher son chagrin. J'ai de la peine pour elle. Mais en même temps, je lui suis incroyablement reconnaissante de s'ouvrir à moi ainsi. Sa vie ne doit pas être facile tous les jours.

Moi : Est-ce qu'il est là, en ce moment ?

Anna : Non. Il est aux États-Unis pour le travail. C'est mon frère qui a le *grand plaisir* de s'assurer que je ne fais pas de bêtises pendant son absence.

Moi : Au moins, tu n'es pas toute seule.

Anna : Il n'a pas le choix. Ça fait partie de son contrat. Mon père le paye pour ça.

Moi : ☺

Anna : Ce n'est pas une blague.

Moi : Ben voyons !

Anna : Quand mon père s'absente, Anthony reçoit une allocation pour me ramener à la maison le vendredi après les cours. Il me surveille, il s'assure que je ne me laisse pas mourir de faim et, surtout, que je ne profite pas de l'occasion pour inviter des centaines d'amis et faire un méga party. Comme il a besoin d'argent de poche pour payer ses dépenses, il joue son rôle de grand frère parfait.

Moi : Et il s'absente souvent, comme ça, ton père ?

Anna : De plus en plus. Hé ! Je dois y aller, ça sonne à la porte.

Truc numéro un pour mettre fin à une conversation qui nous rend mal à l'aise : faire semblant qu'on est appelé ailleurs.

Moi : OK. On se voit demain soir ?

Anna : Oui ! À demain !

Bye !

J'éteins mon téléphone et m'allonge sur le canapé. Les yeux rivés aux lattes de bois du plafond, je repasse dans ma tête les derniers mots qu'Annabelle et moi nous sommes échangés. La vie est injuste. Personne ne devrait avoir à vivre sans sa maman. C'est trop grave. Trop triste. Même si Annabelle n'est plus vraiment une enfant, sa mère doit lui manquer terriblement.

Je ne sais pas comment je ferais sans ma mère. Elle est si importante, dans ma vie ! C'est sûr qu'il y a des jours où elle m'énerve royalement, mais la majorité du temps, on s'entend plutôt bien. Je la soupçonne même de faire semblant d'être en désaccord avec mes idées, à l'occasion, juste pour faire preuve d'autorité. Raté. Ma mère est une très mauvaise menteuse. Un peu comme moi !

Elle est tout ce que j'ai et je suis tout ce qu'elle a, alors on essaie de prendre soin l'une de l'autre. Bon, OK. Elle est meilleure que moi dans ce domaine, je l'avoue. Mais je promets de faire des efforts, pas plus tard que maintenant ! Tiens, la voilà qui arrive ! Je me lève d'un bond et la rejoins dans l'entrée.

— Laisse-moi te donner un coup de main ! Ces sacs ont l'air vraiment très lourds !

CHAPITRE 7

— Eh bien, dis donc ! lâche maman, étonnée, en relevant la tête, l'air suspicieuse. As-tu quelque chose à te faire pardonner ? Tu n'as jamais été aussi pressée de m'aider.

— Je t'aide souvent, franchement !

Ce qui veut dire (en langage Morgane) : je t'aime.

Je ne suis plus une enfant, mais ça ne m'empêche pas d'avoir besoin d'amour et de réconfort ! Surtout venant de ma mère. Je suis en vie. Elle est en vie. Aussi bien en profiter, non ? Personne ne peut prédire l'avenir. Tout peut arriver. Qui dit que je ne me ferai pas renverser en traversant la rue lundi matin ? (Euh, mauvais exemple. Je n'aurai pas à traverser la rue, maman va me déposer en face de l'école.) Qui dit que je ne me ferai pas décapiter par un terroriste sanguinaire, armé jusqu'aux dents ? (OK. Un peu intense, j'avoue !) Mais bon. Mon point est le suivant : je peux mourir n'importe quand. Ma mère peut mourir n'importe quand. Je ne veux pas gâcher le temps qu'il me reste avec elle en jouant la fille rebelle qui se fiche de tout le monde, et qui passe ses journées enfermée dans sa chambre sans parler à personne. Voilà !

Je dépose les sacs sur le comptoir de la cuisine et maman me rejoint, les cheveux en bataille.

— Ouf ! Il y a un de ces vents, dehors ! râle-t-elle, en essayant de se coiffer avec ses doigts. Mets une veste, si tu sors ; sinon, tu…

Elle n'a pas le temps de finir sa phrase que déjà, mes bras entourent son petit corps. La tête sur son épaule, le nez au creux de son cou, je lâche un soupir de ravissement.

— Hé ! marmonne-t-elle, en caressant mon dos avec une main. Est-ce que ça va, Morgane ?

— Oui ! Je suis contente de te voir, c'est tout, dis-je simplement.

— Je suis partie seulement une heure.

— Je sais. Mais tu aurais pu ne jamais revenir.

Maman se détache de moi et s'étire pour m'embrasser sur le front. Elle doit me trouver tellement grande ! J'ai gagné au moins dix centimètres, ces derniers mois. J'imagine que je tiens ça de mon père, parce que ma mère, elle, est toute mini. Elle a les cheveux noirs, les yeux foncés et le teint basané en été comme en hiver. Rien à voir avec ma peau rousselée et ma tignasse qui change de couleur selon mes humeurs.

— Je suis là, ma colombe, me dit-elle de son plus beau sourire. Ne t'inquiète pas pour moi.

CHAPITRE 7

Je lui souris à mon tour. Ensemble, nous vidons les sacs d'épicerie et je découvre avec joie qu'elle a vraiment voulu me faire plaisir.

— Wow ! Tu as acheté mon beurre d'arachide préféré !

— Oui, mademoiselle !

— Mais il coûte une fortune !

— Peut-être, mais il est entièrement naturel, déclare maman en imitant ma voix, qui est un peu plus aiguë que la sienne. Il n'y a aucun agent de conservation ! Aucun colorant ! De plus, aucun animal n'a été tué ni torturé dans les différentes étapes de fabrication de ce produit !

— C'est seulement du beurre d'arachide ! dis-je, en rigolant. Tu exagères !

Maman continue de se moquer de moi en présentant les différents articles qu'elle a achetés pour me faire plaisir. Du pain bio, des pousses, de l'humus, du pâté végétarien… Elle les range un à un dans le frigo en énumérant leurs valeurs nutritives et en vantant leurs procédés de création. Ce moment mère-fille me fait du bien. Il me rassure. Je sais que, malgré la distance, malgré le peu d'heures qu'on passera ensemble pendant l'année scolaire, on trouvera toujours le temps pour ces moments privilégiés. Ils nous appartiennent. Personne ne peut nous les enlever.

La soirée se termine dans la bonne humeur. Maman m'annonce qu'elle a trouvé un petit frigo pour ma chambre et me propose d'apporter un bac rempli d'assiettes, d'ustensiles et de petits accessoires de cuisine. Ensuite, on se fait des pâtes. Elle se sert un verre de vin et je la questionne sur son nouveau travail. Elle me raconte tout, dans les moindres détails. Elle semble heureuse. Pour une fois, je parle très peu de moi et je prends le temps de l'écouter. De vraiment l'écouter. Je devrais faire ça plus souvent.

Un peu plus tard dans la soirée, alors qu'elle est partie se coucher, je reçois un texto de Thomas.

ALLÔ !

Tom : Qu'est-ce que tu fais ? Pourquoi tu n'es pas là ?

Moi : Où, ça ?

Tom : Chez moi ! Sur mon patio !

Moi : Pourquoi je serais sur ton patio ?

Tom : *Party time !* Il y a plein de monde ! Il ne manque que toi !

CHAPITRE 7

Moi : Tu ne m'as même pas invitée.

Tom : Qu'est-ce que je suis en train de faire, tu crois ?

Moi : C'est un peu tard, tu ne trouves pas ?

Tom : Viens ! Je t'attends !

Moi : Impossible. Ma mère est couchée et j'habite à l'autre bout du monde.

Tom : Trouve une solution. C'est trop la fête, ici !

Moi : Loue-moi une limousine et j'arrive.

Tom : Ha ! Ha !

Moi : Ou un hélico, tiens ! Oui, je préfère un hélicoptère, c'est plus rapide !

Tom : Dommage que mon pilote soit en vacances. J'aurais pu t'envoyer mon jet privé.

Moi : Quoi ? Tu ne sais même pas piloter ? Tu me déçois un peu.

Tom : Sans blague, tu viens ou pas ?

Moi : À moins que tu aies un cheval, un chameau, ou même un âne à me prêter, la réponse est non. Désolée. Préviens-moi, la prochaine fois.

Tom : OK. Samedi prochain. Chez moi. Tu ferais mieux d'être là !

Moi : Tu organises des partys toutes les semaines ou quoi ?

Tom : Pourquoi pas ?

Moi : Tes parents sont d'accord avec ça ?

Tom : Tant que je m'amuse et que je ne saccage pas la maison, ils n'ont pas d'objection.

Moi : Ils sont vraiment cool, dis donc ! Est-ce qu'Eddy et Annabelle sont là ?

CHAPITRE 7

Tom : Eddy oui, mais pas Anna. Elle n'était pas d'humeur à ça. Heureusement, parce que Rosalie et Justin viennent juste d'arriver.

Moi : Attends, je ne suis pas sûre de comprendre. Tu as invité Justin et Rosalie ?

Tom : Ouais. (Oups !)

Moi : Comment ça, oups ? C'est tout ce que tu trouves à dire pour ta défense ?

Tom : Bah ! Ce n'est pas si grave. Plus on est de fous, plus on rit, non ? ☺

Moi : Tu as mis ta cervelle sur *off* pour le week-end ou quoi ? Je me doutais que tu n'étais pas une lumière, mais je pensais que tu avais un minimum de jugeote !

Tom : Hé ! As-tu fini de m'insulter ?

Moi : As-tu fini d'être un idiot ?

KOI ?!

Tom : Ça suffit ! J'éteins mon cell. Bonne soirée, l'hystérique !

Moi : Amuse-toi bien, espèce de traître !

Est-ce qu'on vient vraiment d'avoir cette conversation ? Thomas est le roi des imbéciles ! Inviter Justin et Rosalie à son party ! Franchement ! J'ose à peine imaginer la tête d'Annabelle si elle s'était décidée à y aller. Les gars, ça ne comprend rien à rien. Ils ne pensent qu'à eux ! Tant qu'ils s'amusent, c'est parfait. Les autres, ils s'en fichent !

Bon. Je dois me calmer. Je ne peux rien changer à la situation de toute façon. Une bonne douche va me faire du bien ! Je me déshabille, j'agrippe le premier pyjama qui me tombe sous la main (Cool ! Celui avec une ouverture pour faire pipi !), et je me dirige vers la salle de bain.

Hum ! L'eau est chaude ! Je la sens couler sur ma tête, sur mes épaules, le long de mon dos ! Je ne sais pas pourquoi, mais l'eau a toujours eu un effet thérapeutique sur moi. Toute petite, ma mère avait l'habitude de me faire couler un bain rempli de mousse lorsque j'étais malade. Je pouvais rester là pendant plusieurs minutes à jouer, à chanter des chansons et à m'amuser toute seule. Aujourd'hui encore, quand je suis triste ou en colère, je n'ai qu'à prendre une douche pour sentir mon corps se détendre et mon humeur s'améliorer.

Tiens, je pense que je vais me faire des mèches demain. J'ai envie de changer un peu la couleur de mes cheveux. Efficacité assurée quant aux effets bienfaisants sur mon tempérament de fille intense et passionnée. Je pourrais essayer le rose. Ou le bleu. Pourquoi pas du mauve, tiens ? Bah ! Je verrai ça demain. Je vais aussi essayer le nouveau vernis que ma mère m'a acheté la semaine dernière. Ça va être super beau avec mon nouveau t-shirt. Bon, ça y est ! J'ai hâte de retourner à l'école ! Je vous l'avais dit que ça changeait tout, une douche : ma bonne humeur est revenue.

Il est temps de sortir. Une fois essuyée et habillée, je me brosse les dents, je me démêle les cheveux, j'applique ma crème dermatologique et je me glisse sous les couvertures. Je m'apprête à écrire à Louba, mais je suis trop curieuse : Thomas n'a pas arrêté de me texter pendant que j'étais sous la douche. Je vais tout de suite lire ses messages.

Tom : Je lève le drapeau blanc. On arrête les hostilités.

Tom : Morgane ? Tu es là ?

Tom : Ne me dis pas que tu boudes ? Ce n'est pourtant pas ton genre. D'habitude, tu ne te gênes pas pour dire ce que tu penses !

Tom : Ohé ! Qu'est-ce qu'il y a ? Tu m'en veux à ce point ?

Tom : OK, je m'excuse ! Je n'aurais jamais dû inviter Rosalie et Justin. Ce n'était pas une super bonne idée. Annabelle est mon amie, j'aurais dû faire plus attention à elle.

Tom : Pourquoi tu ne réponds pas ? Qu'est-ce que tu veux de plus ? Que je me mette à genoux ? Que j'avoue que je suis le pire idiot de tous les temps ?

Bout de luzerne ! Je ne peux pas faire autrement qu'éclater de rire en lisant les messages de Thomas. J'ai bien envie de le laisser mijoter dans son jus encore un peu. Il est vraiment prêt à tout pour se faire pardonner, dis donc ! Mais bon, je ne suis pas si cruelle quand même !

Moi : Tu es excusé si tu me promets de m'aider toute l'année à faire mes devoirs de math.

Tom : Hé ! Pourquoi tu ne répondais pas ?

Moi : Relaxe, l'angoissé ! J'étais sous la douche.

Tom : Je ne suis pas angoissé !

Moi : Ah non ? Relis tes messages. Tu étais prêt à me lécher les bottes pour que j'oublie ta gaffe.

Thomas hésite à répondre. Est-ce que je lui aurais cloué le bec, par hasard ? Hi, hi ! Ou pas… Il est peut-être juste en train de parler à quelqu'un d'autre. Il est au beau milieu d'un party, après tout !

Moi : Ta blonde est là ?

Hi ! Hi !

Tom : Non. Elle n'a pas pu venir.

Moi : Ah ! Dommage.

Tom : Bah ! Pas tant que ça. Elle commence à me taper sur les nerfs.

Moi : Vous sortez ensemble depuis quoi ? Dix heures ? Et elle te tape déjà sur les nerfs ?

Tom : Pas dix heures. Dix jours. Et c'est bien suffisant. C'est un vrai pot de colle !

Moi : Ce n'est pas très gentil, ça !

Tom : Pourquoi les filles se sentent-elles obligées de nous toucher tout le temps ? Sérieux ! Elle ne me lâche pas deux secondes. Quand elle ne joue pas avec mes cheveux, elle me tient la main ou elle me caresse le dos.

Moi : J'imagine que c'est censé être agréable, non ?

Tom : De temps en temps, oui. Mais pas vingt-quatre heures sur vingt-quatre ! Elle est en train de m'user la peau !

Moi : Que veux-tu ? C'est le prix à payer pour avoir un corps d'adonis, mon cher ! Assume !

Tom : Es-tu comme ça avec ton Pedro ? Parce que si c'est le cas, je veux que tu me donnes son numéro. Il pourrait me donner des trucs. Je ne suis plus capable !

Moi : Bah ! Je ne suis pas du genre scotch tape. Je suis plutôt indépendante. Mais tu sais, je pense que tu devrais en parler à Éliane. C'est elle que ça concerne. Pas moi.

Tom : Oui, tu as sûrement raison.

Moi : Bon ! C'est super de parler avec toi, mais tu devrais peut-être retourner à ton party.

Tom : Ouais. Les gars doivent se demander ce que je fais. Tu n'es plus fâchée ?

Moi : Non. Bonne nuit, là ! On se voit lundi.

Tom : Bonne nuit. Ou plutôt : *Laila Tov !* 😉

Moi : Ouaip ! *Laila Tov !*

Bye !

CHAPITRE 8

Rencontre avec Johnny Depp

CHAPITRE 8

ALLÔ !

Moi : Salut, les gars ! Je n'arrive pas à joindre Anna. Quelqu'un sait où elle est ?

Eddy : Chez elle.

Moi : C'est dimanche ! On a école demain.

Eddy : *No stress !* Son frère va venir l'amener juste à temps pour le début des cours.

Moi : Pourquoi pas ce soir ? Elle est malade ?

Tom : Non, c'est parce que tu ronfles comme un tracteur. Ça l'empêche de dormir.

Moi : Premièrement, je ne ronfle pas !

Moi : Deuxièmement, c'est très apaisant, le bruit d'un tracteur. Ça produit des vibrations qui conditionnent le cerveau à se détendre et à entrer dans une phase de relaxation profonde.

Tom : Ron-pfff ! Ron-pfff !

Moi : Je ne ronfle pas !

Eddy : *Enough*, tous les deux ! Vous êtes vraiment bébés ! Si Anna n'est pas rentrée, c'est parce qu'elle avait quelque chose à faire.

Moi : Quoi ?

Tom : Quoi ?

Eddy : Aucune idée. Elle ne me l'a pas dit.

Moi : OK. Ce n'est pas grave. J'avais un truc super cool à lui montrer, mais ça attendra à demain.

Tom : Quel genre de truc ?

Moi : Top secret.

Tom : Allez, Morgane ! Tu ne peux pas nous balancer ça et ne rien dire ensuite !

Eddy : Tom a raison ! Tu en as déjà trop dit. *It's not fair !**

Moi : Je ne vous pensais pas si curieux ! Hi ! Hi ! Vous êtes bien gentils de vous intéresser à ma vie, mais je n'en dis pas plus pour l'instant.

Tom : On ne s'intéresse pas à ta vie ! On s'intéresse aux secrets. Ce n'est pas pareil !

Hi ! Hi !

Moi : Tu es toujours gentil, toi !

Tom : Merci !

Eddy : *Shoot***, Morgane !

Moi : Désolée. Je dois d'abord consulter Anna. Si elle est d'accord, je vous en parlerai ensuite. En tant que collègue d'espace de vie, elle a un droit acquis dans la prise de décision en ce qui concerne les aires communes.

Tom : Zzzz...

* ***It's not fair !*** – Ce n'est pas juste !

** ***Shoot !*** – Vas-y, accouche !

Tom : Tu es si ennuyante, quand tu t'y mets !

Moi : Je sais ! C'était voulu ! 😋

Eddy : On ne te lâchera pas comme ça ! Balance les infos !

Moi : Je vous donne un indice. Mais un seul.

Eddy : *Go.*

Moi : Johnny Depp.

Tom : Quoi, Johnny Depp ? Qu'est-ce qu'il a à voir là-dedans ? Tu veux écouter un film ? Tourner un court-métrage ? Faire un article de journal sur lui ?

Eddy : Peu importe la réponse, ça ne m'intéresse pas. Bon. Je vous laisse.

Tom : Moi aussi. On en reparlera demain.

Moi : Okidou. À +

CHAPITRE 8

* * *

Argh ! Je déteste les lundis matin !

Les cours commencent bientôt. Je devrais me lever. Les yeux collés, les cheveux ébouriffés, j'étire le bras pour prendre mon téléphone. Sept heures trente. Je m'accorde cinq minutes de sommeil supplémentaires. Ça peut paraître banal, cinq petites minutes, mais c'est bien suffisant pour faire la différence entre une journée parfaite et une journée archinulle. Je me tourne sur le côté et je referme les yeux. À quoi je rêvais, déjà ? Ah oui ! Je me sauvais d'un tigre féroce en pleine savane africaine. Pas terrible, comme scénario. Je vais essayer de faire mieux. Surtout que les tigres vivent en Asie, pas en Afrique !

J'essaie de m'inventer un rêve plus palpitant, mais je n'ai pas le temps d'aller bien loin dans mon imaginaire. La porte vient de s'ouvrir.

— Quoi ? Tu n'es pas encore levée ? s'écrie Annabelle, surexcitée. Debout, paresseuse ! J'ai quelque chose à te montrer !

Curieuse comme je suis, il ne m'en faut pas plus pour que je repousse mes couvertures et que je bondisse sur mes pieds. Ma coloc cache à peine son étonnement quand elle voit que je porte des chaussettes avec des trous pour les orteils et des motifs assortis à mon pantalon de pyjama.

— J'ai fini de préparer le sondage, m'explique-t-elle enfin, le visage radieux. Regarde comme il est beau !

Elle me tend une feuille qui sent la fraise. Je fronce les sourcils.

— Tu l'as imprimé sur du papier rose ?

— Oui ! C'est cool, hein ?

Ce n'est pas l'adjectif qui me vient en tête. Mais je garde ça pour moi, évidemment. Il est clair qu'Annabelle a travaillé fort pour en arriver à ce résultat, alors je vais au moins me donner la peine de jeter un œil sur le « fruit » de ses efforts avant d'émettre des commentaires. Je parcours le sondage des yeux, en avalant difficilement ma salive. C'est… euh… Je n'ai pas de mots. Je suis littéralement bouche bée. Elle n'est pas sérieuse ? Annabelle ne veut quand même pas distribuer ça à toute l'école ?

✸ SONDAGE ✸ SONDAGE ✸ SONDAGE ✸

Salut ! Voici un sondage. Remplis-le et viens le porter au local du journal étudiant. Merci !

1. Es-tu en couple ?
A) Oui
B) Non
C) Je ne sais pas, ce n'est pas clair

2. Laquelle de ces causes est la plus importante pour toi ?
A) Trouver l'amour au plus vite
B) Renouveler ma garde-robe
C) Réussir mon année scolaire
D) Lutter contre l'exploitation des perchaudes** d'Atlantique

3. Quel est ton endroit de rêve ?
A) Mon lit
B) Une île paradisiaque
C) Mon lit sur une île paradisiaque
D) Un site archéologique réputé pour ses récentes découvertes

4. Comment décrirais-tu la soirée parfaite ?
A) Cinéma avec ma tendre moitié et souper romantique
B) Saut en bungee, paintball et descente de rivière en kayak
C) Gros party avec ma gang*
D) Visite du musée du Louvre à Paris, suivie d'un opéra

5. Qu'est-ce qui te fait le plus rire ?
A) Des vidéos de personnes qui tombent
B) Les gens qui pètent en public
C) Tout ! En plus, j'adore faire des mauvais coups
D) Une bonne blague de protons et de neutrons, ça fait toujours rire !

SUITE AU VERSO ➡

* **Gang** - Groupe d'amis, bande.
** **Perchaude** - Poisson d'eau douce de la famille de la perche.

✵ SONDAGE ✵ SONDAGE ✵ SONDAGE ✵

6. Parmi ces sujets, lequel devrait être abordé dans le *No Name*? (Choisis toutes les réponses qui t'intéressent.)

A) Les résultats de nos équipes sportives
B) L'horoscope
C) Les campagnes de financement de l'école
D) Les nouveautés technologiques (applications, sites cool, accessoires pratiques, découvertes)
E) Le courrier du cœur
F) Les petites annonces
G) Les jeux et les bandes dessinées
H) Les suggestions littéraires
I) La politique
J) L'environnement
K) Les arts
L) Les découvertes musicales
M) Autres: ______________

7. Lequel de ces titres d'articles t'inspire le plus?

A) Comment récupérer ton ex en cinq étapes faciles
B) Tests pour apprendre à mieux te connaître
C) Reportage-choc sur les réfugiés de guerre à travers le monde
D) Mille et une astuces pour préparer une super soirée de filles
E) Présentation de l'athlète du mois

8. As-tu une idée d'article à nous proposer pour le *No Name*?

____
____
____
____

9. As-tu un nom à nous proposer pour le *No Name*?

____

Merci de ta participation. Tu peux déposer ton sondage rempli au local B-108.

CHAPITRE 8

Les mots me manquent. Annabelle m'observe intensément, prête à entendre mes commentaires — et sûrement même mes félicitations ! —, mais je n'arrive pas à exprimer ce que je ressens. C'est juste... C'est trop... Bout de luzerne !

— Alors ? C'est génial, hein ? s'exclame-t-elle, en m'arrachant le papier des mains. J'ai travaillé là-dessus comme une folle ! Je sais que la mise en page n'est pas parfaite, mais je vais m'améliorer avec le temps.

Annabelle est radieuse. Un éclat de bonheur brille dans ses yeux. Un bonheur que je ne me sens pas la force de détruire. On est très différentes, toutes les deux. Vraiment très différentes. (Cet effroyable sondage en est la preuve !) Et si je ne veux pas que des paroles regrettables sortent de ma bouche, je ferais mieux de tenir ma langue.

— Je saute dans la douche, dis-je, en m'enfuyant dans la salle de bain. Je vais être en retard, si ça continue.

— Hé ! Tu ne m'as pas dit ce que tu en pensais ! lâche Annabelle, étonnée que je me sauve sans commenter son travail. C'est bon ou pas ?

— Oui, oui ! C'est bon ! Mais je suis pressée, là !

Je peux très bien imaginer la tête d'Anna, plantée au beau milieu de notre chambre, pendant que je me déshabille à la hâte. La vérité, c'est que je n'avais pas prévu de prendre une douche ce matin, mais j'ai besoin d'une échappatoire, et vite ! Sinon, je vais détruire ma nouvelle amie le temps de le dire. Les mots qui me viennent en tête ne sont pas jolis, jolis !

Annabelle n'est pas très douée en composition. Pas d'introduction digne de ce nom, presque pas de remerciements, et des choix de réponses… *My God!* Des choix de réponse totalement idiots ! Non, mais ! Qu'est-ce qui lui a pris ? On n'est pas en train de lancer une revue à potins ! Ni un magazine de mode ! C'est un journal étudiant, bout de luzerne ! C'est du sérieux ! Les élèves ne vont quand même pas choisir un article sur le vernis à ongles plutôt qu'un reportage éducatif sur l'impact néfaste des déchets sur la qualité de l'air que nous respirons ! Non ? Je doute un peu de leur jugement, tout à coup ! Mais je n'ai pas le temps de m'en faire trop, parce qu'un cri strident me perce les tympans.

— Hiiiiiii !

C'est Annabelle ! Qu'est-ce qui lui arrive ? J'arrête l'eau, je sors de la douche et je quitte la salle de bain en vitesse, toute dégoulinante, une serviette enroulée autour du corps. Je comprends que quelque chose ne va pas. Ma coloc est sur le point de perdre connaissance ! Je l'agrippe par le bras et je l'aide à s'asseoir sur son lit. Elle a le teint blême, la bouche grande ouverte. Toutes les feuilles roses sont éparpillées au sol.

— Qu'est-ce qu'il y a, Anna ? Tu ne te sens pas bien ? Tu vas vomir ?

Elle me fait signe que non.

— On dirait que tu as vu un zombie ou une créature sanguinaire !

Elle hoche vaguement la tête. Puis, elle lève le doigt et pointe un truc dans un coin de la chambre.

— Il est sorti de nulle part ! Je… Je me suis assise sur mon lit et là, il a bondi sur moi pour m'attaquer !

— Pour t'attaquer ?

Je me retourne… et je comprends !

— Ah ! C'est Johnny Depp ! dis-je, en éclatant de rire. Désolée, Anna, j'ai oublié de t'en parler tout à l'heure ! Il dormait sur son petit coussin. Ne t'inquiète pas, il ne va pas te faire de mal.

Je me penche et j'appelle mon furet en frappant le sol avec mes doigts.

— Viens, Johnny Depp ! Viens par ici !

Excitée comme une puce, ma petite bête noire s'élance à ma rencontre et grimpe sur mon bras. Puis, elle saute sur le sol et grimpe sur le lit d'Anna, qui lâche un petit cri.

— Qu'est-ce que c'est que cette bestiole ?

— Je viens de te le dire, c'est mon furet.

— Oui, mais pourquoi il est là ?

— Je l'ai ramené de chez moi hier soir. Il s'ennuyait trop à la maison.

— Qu'est-ce qui t'a pris ? On n'a pas le droit de garder des animaux dans notre chambre, Morgane ! On va se faire renvoyer !

— Mais non, voyons ! Personne ne le saura. Johnny Depp est super gentil. Il va rester ici bien sagement pendant qu'on est en classe, tu vas voir.

— Il va tout détruire ! Il va faire des crottes partout. Ça va sentir mauvais.

— Il fait ses besoins dans une petite litière, dans la salle de bain. Ça ne sent pas plus qu'un chat. Et Johnny Depp n'a pas l'habitude d'abîmer mes affaires. Il a ses jouets.

Devant l'hésitation de ma coloc, j'ajoute :

— Je pensais que tu aimais les animaux.

— Bien sûr, que j'aime les animaux, réplique-t-elle, hésitante. C'est juste que… Je ne sais pas… C'est risqué, tu ne trouves pas ? Si Poilue s'en rend compte, on va se faire renvoyer, c'est certain.

— On n'a qu'à en parler à personne, dans ce cas. Je te le dis, tu vas l'adorer !

J'ai à peine fini ma phrase que Johnny Depp grimpe sur les cuisses d'Anna et s'y installe confortablement, comme s'il s'était trouvé un petit nid douillet. Mon amie plisse le nez. Je vois bien qu'elle est contrariée. Je n'aurais peut-être pas dû lui imposer un animal de compagnie sans la consulter. Mais elle va tomber sous le charme de ma bestiole, c'est certain ! Elle est trop mignonne !

— Je… je peux le caresser, ton furet, tu crois ? demande-t-elle, hésitante.

— Il va adorer ça.

Anna pose les doigts sur la fourrure de Johnny Depp, et celui-ci, ravi, tourne la tête et se laisse tomber sur le dos. Les quatre pattes en l'air, il profite des caresses en émettant des petits couinements de satisfaction. Je crois qu'ils viennent de s'apprivoiser l'un l'autre !

— OK, annonce finalement Annabelle. Il peut rester. Mais je te préviens, ajoute-t-elle en levant le doigt, s'il abîme une seule de mes affaires…

— Il n'abîmera rien du tout !

— Et si on se fait prendre, je…

— J'en assumerai l'entière responsabilité, c'est promis !

— Va t'habiller, maintenant. On va être en retard.

Je m'empresse d'enfiler un jeans et un t-shirt, je donne un coup de peigne dans mes cheveux et je me brosse les dents en vitesse. Pendant ce temps, Annabelle dit au revoir à mon furet et ramasse les copies de son sondage. En ce qui me concerne, elle pourrait bien les mettre à la poubelle, mais, au lieu de cela, elle en fait une pile bien droite, m'en donne une partie et glisse le reste dans son sac d'école. Pas le choix. Je vais devoir les distribuer.

CHAPITRE 9

Roméo sans sa Juliette

CHAPITRE 9

Le cours d'éducation physique se déroule à l'extérieur aujourd'hui. Il fait beau et chaud, alors madame Francœur, notre enseignante, a décidé qu'on ferait du jogging dans les rues du quartier. Elle veut savoir combien de fois on arrivera à faire le tour du pâté de maisons sans perdre connaissance. OK. J'exagère un peu. La perte de conscience n'est pas un préalable, mais notre enseignante a bien insisté sur l'importance « d'aller au bout de soi », de « donner notre cent dix pour cent » et de « montrer à quel point la détermination peut nous amener à dépasser nos propres limites ».

Je n'en suis qu'à mon deuxième tour et, déjà, je sens un point se former au creux de mon estomac. Je ne suis pas totalement nulle en sports, mais je ne suis pas une super athlète non plus. Disons que je me situe dans la moyenne. C'est juste que la course à pied, c'est tellement ennuyant ! La plupart des élèves ont pensé apporter leur cell pour écouter de la musique en courant, mais moi, belle tarte, je l'ai laissé dans ma case. Tant pis ! Je ne vais pas me décourager. Je vais utiliser ce temps perdu pour faire ma petite enquête. Trois jours se sont écoulés depuis qu'on a distribué les sondages du journal étudiant et on a reçu très peu de réponses. Ce matin, je vais en avoir le cœur net.

Tiens ! J'aperçois un gars de mon cours d'anglais devant moi. Je vais essayer de le rejoindre pour lui poser quelques questions. Motivée, j'accélère le pas jusqu'à ce que je me retrouve à sa hauteur.

TU VAS DEVOIR FAIRE UN INTERROGATOIRE EXPRESS! IMPOSSIBLE DE TENIR CE RYTHME BIEN LONGTEMPS!

— Hé! Salut, Charles-Antoine! dis-je, en courant à ses côtés.

Le grand blond tourne la tête dans ma direction et me demande, étonné :

— C'est à moi que tu parles ?

— Je n'ai pas l'habitude de discuter avec les trottoirs, alors oui, c'est à toi que je parle.

Oups ! J'ai peut-être été un peu bête. Je dois faire plus attention si je veux qu'il coopère. J'étire les lèvres pour lui faire un grand sourire.

CHAPITRE 9

— Je m'appelle Thierry, m'apprend-il, le ton neutre. Pas Charles-Antoine.

— Ah ! Oui, c'est ça, Thierry. Désolée. On est dans le même cours d'anglais, je crois.

— Je ne pense pas.

Je crois que je l'exaspère, parce qu'il accélère le pas sans démontrer le moindre intérêt. Mais je ne suis pas prête à abandonner.

— Ah ! En français, alors ?

— Non plus. Fiche-moi la paix.

— Tu es sûr ? On est ensemble dans quel cours, déjà ?

— Éducation physique.

Il me prend pour une tarte ou quoi?

— Oui, je l'avais compris, ça, imagine-toi donc, dis-je, une main sur le côté du ventre. Bon, ce n'est pas grave. Ce n'est pas de ça que je voulais te parler. Est-ce qu'on peut ralentir ?

— Pourquoi ?

— Pour qu'on discute. Et aussi parce que j'ai une crampe.

— De quoi veux-tu discuter ? me demande Thierry, le regard curieux.

— Du journal étudiant.

Je lève le poing dans les airs et je souris de plus belle. Il ne pourra pas résister ! Mais Thierry roule les yeux et pique un sprint.

— Hé !

Qu'est-ce qui lui prend ? J'essaie de le suivre en accélérant le pas, mais il est trop rapide pour moi. Il disparaît avant que j'aie le temps de lui poser la moindre question. Bon. Tant pis. Je vais trouver quelqu'un d'autre — quelqu'un de moins rapide, on s'entend. Je m'arrête quelques secondes pour retrouver mon souffle, mais Thomas et Eddy me rejoignent presque aussitôt.

— Ça va, Morgane ? s'informe Eddy en m'agrippant par le bras pour me forcer à reprendre le pas de course. Tu tiens le coup ?

— Ça dépend, dis-je, en me massant les côtes. Tu veux savoir si j'ai du plaisir à tourner en rond, alors que je pourrais être en train de faire des trucs plus productifs, comme pondre un article ou monter un comité pour assurer la sécurité des piétons en face de l'école ? La réponse est non. Mais si tu veux juste t'informer au sujet de mes capacités physiques, alors oui, je tiens le coup.

— Et tu as dit tout ça sans reprendre ton souffle ? demande Thomas pour se moquer en m'ébouriffant les cheveux. Wow ! Tu es plus en forme que tu en as l'air !

Je le frappe avec mon coude. Non, mais franchement, je ne suis pas un chien ! Et qu'est-ce que ça veut dire, ça, « tu es plus en forme que tu en as l'air » ?

— C'est une insulte ou un compliment que tu viens de lui faire ? marmonne Eddy, perplexe.

— Ben… un peu des deux. Pourquoi ? s'enquiert Thomas.

— Je pense que tu aurais mieux fait de te taire.

— Je n'ai rien dit de mal, réplique-t-il pour se défendre. Ce n'est pas ma faute si Morgane n'a pas l'air très en forme !

Si je pouvais lancer des flammes, Thomas serait déjà en cendres. Il formerait un petit tas de poussière au sol et je donnerais un grand coup de pied dedans pour qu'il s'envole au vent. Disparu, le Thomas. Mais je n'ai pas ce super pouvoir, alors je me contente de répliquer :

— Je te parie un dollar que je te bats au sprint n'importe quand, monsieur muscles !

Thomas laisse échapper un petit rire et Eddy me lance un regard étonné. Il doit me prendre pour une folle.

— Deux dollars, renchérit-il.

— Marché conclu !

Satisfait, il s'empresse de préciser les conditions de l'entente :

— OK. Le premier qui arrive au coin de la rue a gagné.

— Ça me va. Tu donnes le départ, Eddy ?

Notre ami, qui semble trouver ce petit jeu complètement stupide, ne se complique pas la vie :

— *Go !*

Thomas grogne un petit coup et file à toute allure, pendant que je continue paisiblement mon petit jogging. À côté de moi, Ed avance à mon rythme, un sourire au coin des lèvres.

— Tu n'avais pas l'intention de faire la course ? déclare-t-il.

Je secoue la tête de gauche à droite, un grand sourire aux lèvres.

— Et je serais montée jusqu'à deux dollars cinquante pour me débarrasser de lui.

Je lui lance un regard complice et tous les deux, on éclate de rire. On continue à courir un peu (Tiens, tiens, on dirait que Thomas a enfin compris qu'il s'était fait avoir ! Il fait toute une tête !) et une fois que nous sommes arrivés devant le parc, je propose à Eddy de faire une petite pause.

— C'est bon. Je préfère continuer, me répond-il.

— Tu es sûr? Il n'y a pas de mal à s'arrêter un peu.

— Non, non. Ça va. Mais vas-y, toi. Je me joindrai à toi au tour suivant.

— Comme tu veux.

Je change ma trajectoire et me dirige vers une série de bancs. Les deux premiers sont utilisés par d'autres élèves aussi peu motivés que moi à faire trois mille tours en trente minutes, mais le troisième est libre. Je cours donc m'y installer.

Cette petite pause est agréable. Le soleil est chaud, alors autant en profiter avant que le froid de l'automne ne s'installe pour de bon. La tête penchée vers l'arrière, les yeux fermés, je prends une grande inspiration. Ça sent bon. Ça sent l'été! Et ça sent quand même un peu la sueur! Ouf! Et ça, c'est parce que quelqu'un est venu s'asseoir à côté de moi. Je pense d'abord qu'Eddy a changé d'idée et qu'il a décidé de me rejoindre, mais le bruit de respiration qui me parvient aux oreilles est bien trop fort. Ce n'est pas Eddy. J'ouvre les paupières, je tourne la tête et j'observe le nouveau venu: chaussures de *skate,* chemise à carreaux, visage rouge comme une tomate; on dirait bien que ce gars-là n'est pas un coureur olympique.

— Ça va ? Fais-moi signe si tu veux que je te fasse le bouche-à-bouche, lui dis-je, l'air sérieux. J'ai suivi mes cours de premiers soins.

— Merci, je devrais m'en sortir, m'assure mon voisin de banc en massant un point sous ses côtes. Si je ne retrouve pas une respiration normale dans les deux prochaines minutes, tu n'auras qu'à appeler les secours.

— Impossible. J'ai laissé mon cell à l'école.

Le gars sort son téléphone de sa poche et le dépose entre nous deux sans m'adresser un regard.

— Tu n'as qu'à faire la recomposition automatique. Je les ai déjà appelés ce midi quand j'ai goûté le repas qu'ils servaient à la cafétéria.

— Yark ! Ne me dis pas que tu as mangé la purée brune qui sentait le brûlé ?

— Non ! Le truc visqueux qui roulait dans la bouche. Ce n'était pas vraiment mieux.

Il grimace et un sourire s'étire sur mes lèvres. Je suis prête à répliquer quelque chose de très drôle (l'univers des blagues autour du menu de la cafétéria de l'école nous ouvre une infinité de possibilités), mais il consulte son téléphone pour connaître l'heure, et l'image de son fond d'écran apparaît. Oh ! Je n'en crois pas mes yeux !

— C'est le symbole de la Société mondiale de protection des animaux ?

Ce n'était pas vraiment une question, parce que *je sais* qu'il s'agit du symbole de la Société mondiale de protection des animaux. Je le reconnaîtrais n'importe où !

— Ouais. Tu connais ?

— Bien sûr ! Je collecte des fonds chaque année pour venir en aide aux animaux en voie de disparition.

— Oui, moi aussi, précise-t-il, un peu étonné par ma révélation. Ça fait trois ans maintenant que je fais partie du comité.

Je n'aurais jamais cru ça possible ! Il y a bel et bien un spécimen de mon espèce dans ma nouvelle école ! Tout à coup, j'ai envie de tout savoir à son sujet. D'où il vient, ce qu'il veut faire plus tard, le titre de sa chanson fétiche, l'animal qu'il préfère, etc. Par quoi je commence ?

DU CALME, MORGANE !
TU N'AS QU'À COMMENCER
PAR LE DÉBUT.

— Comment tu t'appelles ?

— Roméo, répond-il, en s'essuyant le front avec le bas de son t-shirt.

MAIS OUI, C'EST ÇA!

— Et moi, je m'appelle Juliette!

J'émets un petit ricanement, mais je comprends vite que je suis la seule à rire. Bon. OK. Je ne suis pas drôle. Mais je suis quand même curieuse:

— Sans blague, c'est quoi, ton nom?

— Désolé de te décevoir, mais c'est toujours Roméo.

Je l'étudie un moment, incertaine. Il n'a pas l'air de se moquer de moi. Il s'appelle vraiment comme ça? Pauvre gars!

— Mes parents sont passionnés des œuvres de Shakespeare, m'explique-t-il, en haussant les épaules. Ils ont joué plusieurs de ses textes quand ils étaient jeunes. *Roméo et Juliette,* c'était leur pièce de théâtre préférée.

— Wow! Ils ont joué dans *Roméo et Juliette*?

— Oui, mais ça fait longtemps. Ils étaient au secondaire. C'est comme ça qu'ils se sont connus.

Je pince les lèvres. L'histoire de la rencontre de ses parents est tellement clichée qu'elle semble tout droit sortie d'un mauvais film de filles. Vous savez, le genre de production à l'eau de rose dans laquelle la princesse se réveille chaque matin avec un teint de pêche, des cheveux parfaitement ondulés et une haleine aussi fraîche qu'un verre de Scope* ? Cliché ! Et impossible ! Je parie que son père jouait Roméo, que sa mère jouait Juliette, et qu'ils sont tombés amoureux au moment où ils ont dû s'embrasser.

— Ils vécurent heureux et eurent beaucoup d'enfants, dis-je, à voix basse.

— Euh, non, précise Roméo, la voix grave. Ils se sont suicidés.

Mon sang se glace.

QUOI ? SES PARENTS SONT MORTS ? C'EST TERRIBLE !

C'est plus fort que moi, je pivote sur le banc pour lui montrer que je suis de tout cœur avec lui et je pose une main sur son épaule, chamboulée.

— Je suis vraiment désolée ! Je suis là, si tu as envie d'en parler !

* **Scope** – Marque de bain de bouche.

— Parler de quoi ? demande Roméo, en posant les yeux sur son épaule (ma main s'y trouve toujours).

— Ben, de tes parents !

— Pourquoi j'aurais envie de te parler de mes parents ?

Je retire ma main et je ferme les paupières un instant. Là, je dois avouer que je suis un peu confuse. Pendant que j'essaie de rassembler mes pensées, Roméo éclate de rire.

— OK ! Je viens de comprendre ! fait-il en s'esclaffant. Tu pensais que je te livrais une grande confidence sur mon drame familial ? Sérieux ?

— Pourquoi pas ? Je suis une super confidente ! Je suis la personne parfaite pour venir en aide aux autres. J'ai une bonne capacité d'écoute, j'ai un grand cœur et je suis prête à tout pour…

— Je faisais référence à la pièce de théâtre, Morgane ! lâche Roméo qui me coupe.

— La pièce de théâtre ? Ah ! Bien sûr ! Les deux amoureux se suicident à la fin !

Là, je me trouve un peu nouille. Je bafouille de plates excuses et j'ajoute, quand même soulagée :

— Tant mieux si tes parents sont encore en vie. Mais hé ! Qui t'a dit mon nom ?

— Ben, tout le monde connaît ton nom.

— Comment ça ?

— Tu es nouvelle dans la place, tu as un style assez particulier, pour ne pas dire « marginal », voire « décapant », et tu cherches à lancer un nouveau journal étudiant. Difficile de passer inaperçue, non ?

Ouais. Il n'a pas tout à fait tort. Bon. Roméo vient de me parler du journal, autant en profiter. Je commence mon interrogatoire :

— Parlant du journal étudiant, j'aimerais savoir ce que tu en penses.

— Pourquoi ?

— Parce que ton opinion m'intéresse.

Roméo me regarde intensément. Ses yeux sont très foncés. Presque noirs. On dirait un trou sans fin. J'ai l'impression qu'en les fixant trop longtemps, je pourrais plonger dans le vide et me retrouver dans un tout autre univers.

— On ne se connaît même pas, me fait-il remarquer.

— C'est vrai, mais on a un point en commun, tous les deux. Ça m'arrive rarement, ce genre de truc, alors en ce qui me concerne, c'est comme si on se connaissait déjà un peu.

Ses yeux en point d'interrogation m'indiquent bien qu'il ne comprend rien à ce que je raconte. Je dois être plus claire.

— Tu es la première personne que je rencontre qui semble avoir un peu de matière grise dans la tête, depuis que je suis arrivée dans cette ville, lui dis-je, en guise d'explication.

— Ce n'est pas très gentil pour tes amis.

— Bah ! Ce n'est pas leur faute. Et je les aime comme ça, mais ça ne change rien au fait qu'ils sont aussi cultivés qu'un plant de tomates. C'est tout sec, là-dedans, dis-je, en pointant ma tempe.

QUOI ? TU VIENS VRAIMENT DE DIRE ÇA ? MAIS C'EST FAUX ! EDDY LIT BIEN PLUS QUE TOI ! CE QUE TU PEUX M'ÉNERVER, DES FOIS !

Roméo étire les lèvres, mais je n'arrive pas à savoir s'il me trouve drôle ou s'il est seulement poli. J'appuie mon dos au banc, je croise une jambe et j'allonge un bras sur le dossier pour montrer que je suis tout à fait relaxe. Puis, je le questionne à nouveau :

— Alors ? Le journal ? dis-je, sur le ton de la conversation.

— Qu'est-ce que tu veux savoir, au juste ? me demande Roméo, en tournant la tête pour surveiller ma main, tout près de son épaule.

— Dans l'édition spéciale, j'ai promis de mettre sur pied un journal différent des autres, avec des reportages de qualité et des enquêtes approfondies, et d'aborder des sujets poignants. Qu'est-ce que tu penses de tout ça ?

— Je pense que tu devrais t'en tenir aux résultats du sondage, répond-il, en se faisant craquer les doigts.

— Arrête ça, c'est dégoûtant! dis-je, en lui donnant une tape sur la main pour l'empêcher de continuer. Pourquoi tu veux que je fasse confiance au sondage ? Il est archinul ! Il ne représente pas du tout l'orientation que je souhaite donner au *No Name.*

— Pourtant, il rejoint la majorité des jeunes de cette école, fait Roméo, l'air convaincu.

— Tu crois ?

Là, je dois avouer que je suis étonnée. Je croyais vraiment que Roméo (bout de luzerne, je dois me retenir pour ne pas éclater de rire quand je pense à son nom) était plus cultivé, plus curieux, plus engagé.

— Tout ce qui les intéresse, ajoute-t-il pour s'expliquer, c'est la mode, l'amour, les filles, le sport, la musique, encore l'amour, les jeux vidéo, encore et toujours l'amour, les chansons d'amour et les films d'amour.

— Tu sais que tu as dit le mot « amour » cinq fois ?

— C'était voulu. Si tu t'entêtes à écrire des articles d'opinion ou des entrevues pour les faire réfléchir, tu risques de les perdre.

Je crois qu'il a raison. Mais ça me met tellement en colère que j'ai juste envie de crier.

— C'est pathétique ! dis-je, en appuyant les coudes sur mes genoux. Les jeunes ne sont plus au courant de rien. On dirait que le monde leur échappe.

— Ouais, ajoute Roméo, la mine basse.

Un écureuil apparaît devant nous. Il s'arrête, nous observe un instant, l'air de vouloir prendre part à notre conversation, et récupère une noisette pour la cacher dans ses joues. Il est vraiment mignon, avec ses petites pattes et sa fourrure toute grise ! Je suis sûre qu'il s'entendrait bien avec Johnny Depp.

CHAPITRE 9

Malheureusement, je ne peux pas l'observer bien longtemps, parce que les élèves assis sur le banc près du nôtre ont eu la brillante idée de lui lancer des cailloux. Bravo !

— Encore une belle preuve d'intelligence ! dis-je, découragée. Sérieusement, où s'en va notre monde ? Ce n'est pas pour rien que je veux monter un journal différent des autres. Il n'est peut-être pas trop tard pour leur apprendre un truc ou deux…

— Tu vas y arriver, j'en suis sûr, m'encourage Roméo, en me tapant l'épaule avec la main. Étape par étape. Fie-toi au sondage, ajoute-t-il, l'air convaincu qu'il s'agit de la bonne méthode. Vas-y pour la version cool. Ça va te permettre de prendre de l'expérience. D'aller chercher les lecteurs. De les rendre accros. Ensuite, tu pourras faire des changements. Pas de gros changements, là ! De petites insertions ici et là, sans que les élèves s'en rendent trop compte. Et je parie que d'ici la fin de ton secondaire, ton objectif sera atteint.

— La fin de mon secondaire ? C'est dans une éternité !

Je dois avoir l'air complètement bouleversée, parce que Roméo éclate de rire en voyant ma tête.

— Ça va passer vite, tu vas voir, dit-il en rigolant. En plus, la patience est une super belle qualité. À toi de la cultiver.

Je ne sais plus trop quoi penser de tout ça. Je comprends le point de vue de Roméo, mais je ne suis pas sûre que ce soit une bonne idée. Je me laisse un peu de temps pour y penser.

Autour de nous, les élèves sont de plus en plus agités. Un groupe de garçons se chamaille à notre droite et quelques filles se sont regroupées à notre gauche pour discuter. Je crois que le cours est bientôt terminé. Si je veux faire une proposition à Roméo, c'est le moment ou jamais.

— Ça te dirait de m'aider ?

— À écrire dans le *No Name* ? me demande-t-il, le nez plissé. Hors de question !

— Pourquoi pas ? dis-je, limite insultée par sa réaction. Tu pourrais me donner des trucs. Je suis sûre que tu aurais plein d'idées pour que la transition se fasse en douceur. Je suis loin d'être délicate ou subtile, dans la vie, alors tu pourrais… Hé ! Je n'ai pas fini de parler !

Pendant que j'essayais de le convaincre de se joindre à mon équipe, Roméo s'est levé sans me dire un mot. Le voilà maintenant qui s'éloigne au pas de course. Ben voyons ! Qu'est-ce qui lui prend ?

CHAPITRE 9

— Où vas-tu ?

Mais j'ai beau crier, il continue sa route sans se retourner. Et sans me répondre. Eh bien ! Quelle mouche l'a piqué, lui ? Est-ce que j'ai dit ou fait quelque chose qui l'a blessé ? Est-ce que je pue ? C'est quand même un peu impoli, s'en aller comme ça. Tandis que je me questionne sur mon comportement (et sur mon odeur corporelle), Eddy et Thomas me rejoignent et s'assoient à côté de moi.

— Alors ? On se la coule douce, *miss* paresseuse ? me lance Thomas, en me poussant un peu avec l'une de ses épaules. Tu ne t'es même pas levée de ton banc ? Tu es trop épuisée ?

— C'est bon, petit champion ! Pas besoin de te vanter ! Tu as gagné la course contre une fille trois fois moins en forme que toi. Tu veux une médaille ?

Mes deux amis m'observent un moment, étonnés par ma réaction un peu trop directe.

— Hé ! Pourquoi tu m'attaques comme ça ? demande Thomas, fâché. Je ne t'ai rien fait, moi !

— *What's wrong**, Morgane ? me demande Eddy.

— C'est bon ! Tout va bien !

En fait, je suis peut-être un peu contrariée par le départ précipité de Roméo. Je pense que

* ***What's wrong ?*** – Qu'est-ce qui ne va pas ?

j'aurais aimé continuer à discuter avec lui. Ça me changeait des conversations vides de sens et des blagues idiotes de Thomas. Mais bon. Il peut bien faire ce qu'il veut, après tout. Je ne suis pas sa mère.

— Désolée, Tom. J'avais la tête ailleurs. Alors, ce jogging ?

Encouragé par mes questions et le retour de ma bonne humeur, Thomas m'explique avec fierté qu'il a couru tout ce temps sans s'arrêter une seule fois (tout comme Eddy, qui ne s'en vante pas, lui), et qu'il a même réussi à attirer l'attention de la belle Léa-Rose. J'ai beau lui rappeler qu'il a déjà une blonde, Thomas ne m'écoute pas. Il est trop absorbé par son récit, et par les grands yeux verts de sa nouvelle proie.

Ensemble, on se relève et on rejoint le reste du groupe pour reprendre le chemin de l'école. Tout à l'avant, Roméo avance sans me lancer le moindre regard. Étrange…

CHAPITRE 10

La grande demande

CHAPITRE 10

Tom : Mo ? Es-tu couchée ?

Moi : Il est dix heures ! Tu me connais assez pour savoir que je ne serai pas au lit avant un bon bout de temps.

Tom : C’est vrai, mais on ne sait jamais. Je me suis dit que tu étais peut-être épuisée par tes trois tours du quartier de ce matin.

Moi : Deux tours.

Tom : Désolé. J’ai surestimé tes capacités. Alors, qu’est-ce que tu faisais ?

Moi : Devine.

Tom : Tu étais en train de lire un article sur les conséquences désastreuses de la fonte des glaciers sur l’instinct migratoire des huards en Océanie ?

Moi : ???

Tom : Non ? Attends, je vais trouver. Tu essayais d'en apprendre un peu plus sur la domination politique des Sud-Africains sur les communautés autochtones.

Moi : Veux-tu bien arrêter d'écrire n'importe quoi ? Ça ne se peut même pas, ce que tu racontes !

Tom : Tu voulais que je devine... Je fais ce que je peux !

Moi : Tu peux faire mieux.

Tom : OK. Je dirais qu'il y a quatre-vingt-quinze pour cent de chances que tu sois en train de travailler sur le journal étudiant.

Moi : Bingo !

Tom : Annabelle n'est pas couchée ?

Moi : Oui, depuis une demi-heure. Mais je fais attention pour ne pas la déranger.

Tom : *Good*. Et ça avance, le journal ? Est-ce que tu as aimé mon « Coin des blagues » ?

Moi : C'est parfait. Je vais le glisser juste après le « courrier du cœur » d'Anna. J'attends qu'Eddy me ponde une critique du livre qu'il vient de lire, et je vais pouvoir finir la mise en page.

Tom : Quoi ? Déjà fini ? Ce matin, tu disais que tu voulais prendre le temps d'interroger quelques membres du personnel pour connaître leur opinion au sujet des denrées périssables qui sont jetées chaque jour à la cafétéria.

Moi : Je sais. J'ai changé d'idée.

Et ça me fait mal au cœur. J'aurais aimé m'en charger maintenant, mais j'ai décidé de suivre le conseil de Roméo et de remettre ça à plus tard. Je me promets toutefois de prendre contact avec quelques organismes humanitaires pour leur offrir les repas qui n'ont pas été consommés à la fin de la journée. Oh ! Je pourrais même proposer aux élèves de familles plus démunies d'emporter les restes ! Ça ferait des heureux et ça éviterait le gaspillage.

MORGANE, TU ES UN GÉNIE !

Tom : OK. Tu vas parler de quoi dans ton éditorial, alors ?

Moi : J'ai écrit un article sur l'importance de faire une bonne première impression.

Tom ne répond pas tout de suite. J'en profite pour ajouter quelques phrases à mon article. Au bout de quelques minutes, je reviens à la charge.

Moi : Hé ! Tu textes encore Éliane en même temps que moi ?

Tom : Oui, désolé.

Moi : Ce n'est pas grave, je comprends. Je fais la même chose en ce moment même avec mon chum.

OH ! LA MENTEUSE !

CHAPITRE 10

Tom : Pour être honnête, ça ne va pas super bien, Éliane et moi.

Tiens, tiens, pourquoi je ne suis pas surprise ?

Moi : Tu veux en parler ?

Tom : On ressemble déjà à un vieux couple.

Moi : Laisse-moi m'étouffer avec ma salive. Un vieux couple ? Après deux semaines de fréquentation ?

Tom : Presque trois.

Moi : Ah ! Ça change tout, alors ! Qu'est-ce que tu attends pour la laisser ?

Tom : Ben, c'est délicat, comme situation.

Moi : Pas vraiment. Tu lui dis que c'est fini, et c'est tout.

Hein?

Tom : En pratique, c'est autre chose, laisse-moi te le dire ! C'est très compliqué, les filles !

Moi : Je ne dois pas être une vraie fille, alors.

Tom : Tout le monde le sait, ça ! ☺

Oh ! Je viens d'avoir un flash ! Sans le savoir, Thomas m'a donné le sujet parfait pour un article de journal. Tant pis pour ma chronique sur la première impression. Elle attendra. J'explique rapidement mon idée à Thomas et lui propose de m'aider.

Tom : Pas de problème ! Tu veux qu'on se voie demain ?

Moi : Où ? À la bibliothèque ?

Tom : Pourquoi pas dans votre chambre ? J'aimerais beaucoup rencontrer Johnny Depp. Tu n'arrêtes pas de me parler de lui !

Hi ! Hi !

Moi : Avec Poilue dans les parages ? Hors de question, je vais me faire arracher la tête !

Tom : Oh ! Tu as enfin rencontré votre surveillante ? Et puis, comment tu l'as trouvée ?

Moi : Poilue. Et grande. Et drôlement musclée. Es-tu sûr que c'est une femme ?

Tom : LOL ! Pas de doute ! Elle a un amoureux, je l'ai vue l'embrasser, l'autre jour, à la sortie de l'école.

Moi : Yark ! Ça doit piquer !

Tom : Ouais, comme tu dis !
Bon. On se rejoint demain à la bibliothèque, d'abord. J'apporte du chocolat et des framboises.

Moi : On a le droit de manger à la bibliothèque ?

Tom : Non. Mais il n'y a rien de mieux pour travailler que le chocolat et les framboises. Tu vas voir. ☺

Moi : ☺

Tom : Hé ! Tu pourrais emmener Johnny Depp à mon party samedi prochain. C'est une bonne idée, non ?

Tom : Je dois y aller, Éliane ne me laisse pas tranquille deux minutes.

Moi : Je n'ai jamais dit que j'irais à ton party !

Hi ! Hi !

Moi : Tom ? Tu es là ?

Moi : J'ai l'impression que tu me prends un peu trop pour acquise.

Moi : OK. Tu as décidé de m'ignorer pour me faire croire que le sujet est clos, mais ce n'est pas comme ça que ça marche. Je dois d'abord demander à ma mère.

Moi : Hé ! C'est cool ! Je peux écrire tout ce que je veux, tu ne réponds pas.

Moi : Si je vais à ton party, je vais me faire toute belle ! Je vais mettre mon t-shirt en gazon synthétique et mon pantalon aux motifs de balles de golf. Hi, hi ! Je vais emmener plein d'amis. Je vais concocter mon punch spécial fait à partir de germe de blé et de feuilles de pissenlit. (C'est bon pour le transit intestinal.) Ah oui ! Je vais apporter ma musique de Lady Gaga et je vais te présenter la chorégraphie que j'ai préparée avec mes amies l'année dernière.

Le message de Thomas ne tarde pas à apparaître.

Tom : Lady Gaga = non.

Tom : Punch aux graines de bégonias = non !

Tom : T-shirt en brins de pelouse = triple non !

Tom : Des amis = OK (Tu ne pourras pas dire que je ne suis pas gentil !)

Tom : Je te laisse vraiment. *Laila Tov !*

Moi : *Laila Tov !*

J'ai le sourire fendu jusqu'aux oreilles en lisant ses derniers messages. C'est étrange ! Thomas et moi, on est hyper différents, on se dispute sur tout, tout le temps, on ne voit pas du tout la vie de la même manière, mais on prend le temps de s'écrire presque tous les soirs avant d'aller au lit. C'est maintenant une habitude. Et quand on ne peut pas se texter parce que l'un de nous deux n'est pas disponible, on dirait qu'il me manque un petit quelque chose pour m'endormir. Ça doit être ce qu'on appelle le début d'une belle amitié.

Mais pour l'instant, je ne suis pas fatiguée. Je décide de faire un petit saut sur Facebook, question d'aller aux dernières nouvelles. Tiens, Greg est passé de « en couple » à « célibataire ». Il faudrait que j'en glisse un mot à Annabelle, elle sera sûrement contente. Quoique, je ne sais plus trop… Hier, elle m'a dit qu'elle pensait inviter

Will à sortir. J'ai un peu de mal à la suivre dans ses histoires de cœur, pour être honnête.

Oh ! Roméo a commenté la photo de Stephany, une fille de mon cours d'anglais. Ça me donne envie de lui faire une demande d'amitié. (À Roméo, pas à Stephany.) J'hésite. Est-ce qu'il va se souvenir de moi ? Je clique sur son nom pour ouvrir sa page et la première chose que je remarque, c'est qu'il n'est pas en couple. Le soulagement que je ressens me prend un peu par surprise.

VOYONS, MORGANE ! QU'EST-CE QUI T'ARRIVE ? C'EST JUSTE UN GARS COMME LES AUTRES.

Mon doigt est prêt. Il ne bouge pas. Qu'est-ce que j'attends ? Mon cœur sursaute dans ma poitrine quand j'appuie finalement sur le bouton « Ajouter ». Voilà. C'est fait. Ne reste plus qu'à attendre.

Mais la réponse est presque instantanée. Roméo a tout de suite accepté. Maintenant, qu'est-ce que je fais ? Est-ce que je lui écris ?

Est-ce que je fouille son profil pour inspecter chacune de ses photos, juste par curiosité ?

Pas le temps. Mon téléphone vibre dans ma main. C'est ma mère. Je lis son message et j'étire le bras pour que Johnny Depp vienne se blottir contre moi.

Maman : Salut, ma colombe. J'ai une grande nouvelle à t'annoncer !

Moi : Tu as gagné à la loterie !

Maman : Il faudrait que j'achète des billets, pour ça. ☺

Moi : Tu t'es fait un chum ?

Maman : Même pas proche. Essaie encore. C'est une nouvelle qui va te faire plaisir.

Moi : Tu es enceinte !

Maman : Tu brûles !

KOI ?

Moi : Hein ? Je brûle ? Ben voyons ! Je voulais faire une blague ! Tu es beaucoup trop vieille pour être enceinte !

Maman : Je te remercie ! Sache que je suis encore en âge de procréer, jeune fille !

Moi : Tu es trop célibataire, alors !

Maman : Hum ! Là, tu n'as pas tort.

Moi : Allez, donne-moi un indice.

Maman : OK. Je ne suis pas enceinte, mais quelqu'un d'autre l'était.

Moi : Euh, pas sûre de comprendre. Quelqu'un d'autre l'était ? Ça veut dire qu'elle ne l'est plus ? Donc... Oh ! Josianne a eu son bébé ?

Maman : Oui !

Moi : Youppi ! C'est un garçon ou une fille ? Ça s'est bien passé ? Le bébé va bien ? Wow ! Ma cousine qui est maintenant maman ! Incroyable !

Maman : Pas toutes les questions en même temps ! Hi, hi ! Tout le monde se porte bien, y compris bébé Léa. Imagine-toi donc que Jonathan lui a fait sa grande demande juste après l'accouchement.

Moi : Ils vont se marier ?

Maman : Oui ! C'est merveilleux, n'est-ce pas ? Aimerais-tu qu'on aille les voir ce samedi ?

Moi : Tellement !

Maman : OK. Et on ira magasiner si tu veux. Tant qu'à faire tout ce chemin, autant en profiter, qu'est-ce que tu en dis ?

Moi : Tout à fait d'accord ! Les boutiques se font plutôt rares dans notre nouveau coin de pays.

Maman : Parfait ! Tout est réglé, alors ! Je passe te chercher demain soir comme prévu.

Maman : Bisous, ma belle !

J'TDR

Moi : Bisous. *Laila Tov !*

Maman : Quoi ?

Moi : Oups ! Je voulais dire : bonne nuit !

Maman : Bonne nuit ! xxx

Un nouveau bébé dans la famille ! Comme c'est excitant ! J'adore les bébés ! Tant que ce ne sont pas les miens ! Si je devais me retrouver avec un petit truc vivant dans les bras à longueur de journée, ça serait l'enfer. À moins que ce soit un animal, évidemment !

Avant d'éteindre mon cell, j'envoie un dernier message.

Moi : Hé, Tom ! Je vais encore manquer ton party. Obligations familiales. On se reprend !

Bye !

Je vérifie rapidement mon profil Facebook. Rien. Roméo ne m'a pas écrit. Il n'a commenté aucun de mes statuts ni aimé aucune de mes photos. Zut !

CHAPITRE 11

L'art de rompre, ce n'est pas donné à tout le monde !

CHAPITRE 11

— Alors ? Qu'est-ce que vous en pensez ?

— Qu'est-ce qu'on pense de quoi ? marmonne Thomas, plus ou moins intéressé par ce que je viens de raconter.

— Tu ne m'écoutais pas ?

— Personne ne t'écoutait, précise Eddy, sans démontrer une once de culpabilité.

— Ça alors !

Je lève la tête de mon cahier de notes, légèrement insultée, et me retourne pour examiner ma chambre. Mes amis sont relaxes. Assise en tailleur sur son matelas, Annabelle fait le ménage de sa quantité phénoménale de photos sur son cell. Quant à Thomas et Eddy, ils sont installés au sol, le dos appuyé contre mon lit et s'amusent à lancer des raisins secs à Johnny Depp, qui se fait un plaisir de se déplacer à travers la pièce pour aller les chercher.

— Hé ! Vous ne lui donnez pas de bonbons, hein ?

— *Don't worry*, répond Eddy pour me rassurer en fouillant dans son sac de Jelly Beans. Je les garde pour moi.

Il en avale quatre ou cinq d'un seul coup, et Thomas lâche un grand cri en levant le poing dans les airs, comme s'il venait de remporter une victoire épique.

— Oh ! Avez-vous vu ça ? Je suis trop fort ! Mon tir était tellement précis que Johnny Depp l'a attrapé au vol !

— Oui, bravo, réplique Annabelle, sans quitter son cellulaire des yeux. Tu as réussi à lancer un raisin dans la gueule d'un furet. Tu es incroyable !

— Tu ris, mais c'est plus difficile que ça en a l'air, rouspète Thomas. Ça exige une extrême précision. Pas vrai, Ed ?

— Hum, hum ! fait celui-ci d'un air approbateur, la bouche toujours pleine de bonbons.

— Attendez, vous allez voir ! Tiens, Johnny Depp ! Attrape !

Au moment où il s'élance, je me lève et j'ouvre la bouche bien grande, si bien que le raisin, au lieu d'atterrir dans la gueule de mon furet, tombe directement sur ma langue.

BRAVO, MORGANE !

Thomas me fait un *high five* pour me féliciter, tandis qu'Annabelle et Eddy ne nous accordent pas la moindre attention. Pfft ! Ils ne savent pas reconnaître le vrai talent quand il s'exprime !

CHAPITRE 11

— Qu'est-ce que tu voulais nous dire, tout à l'heure, Mo ? demande Annabelle, en étirant le bras pour nous prendre en photo, tous les quatre.

— Oui ! C'est vrai ! Je voulais vous parler au sujet du…

— Journal étudiant, lancent Thomas et Eddy d'une même voix.

— Évidemment ! lâche Annabelle, en appelant Johnny Depp pour qu'il grimpe sur son épaule. Je ne sais même pas pourquoi j'ai posé la question.

Je les regarde, tous les trois, et je ne comprends pas trop leur réaction.

— Qu'est-ce qu'il y a ? Vous me trouvez énervante avec ça ?

— Énervante ? Non, répond Eddy, amusé par mon air offensé. Je dirais plutôt insistante.

— Exaspérante, ajoute Annabelle.

— Ou peut-être même un peu contrôlante, conclut Thomas en dissimulant un sourire moqueur.

Contrôlante ? Bout de luzerne ! Ils me trouvent contrôlante ? Ils n'ont vraiment rien compris, ces trois-là !

— Sérieux ! On dirait que vous ne réalisez pas l'ampleur du problème ! dis-je, pour ma défense. On doit trouver une solution le plus vite possible ! Le *No Name* ne peut pas s'appeler comme ça jusqu'à la fin de l'année !

— *Why not ?* lâche Eddy, en relevant les épaules. Je trouve ça *nice*, moi, le *No Name* ! On ne va quand même pas se faire arrêter pour « non-respect des procédures légales de nomination d'un journal étudiant » !

— Au fond, ça ne devrait pas être compliqué de s'entendre, nous fait remarquer Annabelle, optimiste. On a eu plein de belles suggestions ! Moi, j'aime bien *La P'tite Vedette*. Ça sonne bien, vous ne trouvez pas ? Ou le *New Look*. C'est bien, ça aussi, le *New Look*, ajoute-t-elle, en se levant pour parader comme si elle était sur un tapis rouge.

— Bof ! Je trouve que ça fait trop prétentieux, genre « Hollywood », commente Eddy, les bras croisés. Moi, je préfère *Le Bouffe Papier*.

— Voyons ! Vous n'avez vraiment aucune imagination ! dis-je, en levant les deux bras dans les airs ! Pourquoi pas le *Top Méga Cool*, tant qu'à y être !

— Justement ! C'est mon préféré, celui-là ! lâche Thomas, le doigt levé. Content que tu en parles.

— C'était une blague, Tom ! Franchement ! On vaut bien mieux que ça ! *Notre journal* vaut bien mieux que ça !

— Qu'est-ce que tu proposes, si tu es si géniale ? demande-t-il, impatient. Peu importe les idées proposées, tu n'es jamais d'accord !

— Ce n'est pas vrai !

— Ah non ? C'est quand la dernière fois qu'une de nos suggestions a été retenue ?

Pour répondre à sa question, je m'empare d'un exemplaire du *No Name* et le lui colle au visage.

— Est-ce que c'est assez concret pour toi, ça ?

— Euh, ouais ! Oublie ce que je viens de dire.

Thomas arrête d'argumenter, parce que c'est lui qui a eu l'idée du sujet de notre chronique, dans le dernier numéro. Oui, bon… En fait, c'était mon idée, mais il m'a inspirée en me parlant de sa relation difficile avec Éliane, alors je fais comme s'il avait eu un éclair de génie. (Je dois faire des efforts si je ne veux pas avoir l'air trop contrôlante !)

SPÉCIAL AMOOOOOOUR !

Le No Name !

Bonjour à vous, chers lecteurs ! Voici un numéro spécial sur le thème de l'amour !

Vous êtes à la recherche de l'âme sœur ? Vous sortez dans la rue chaque fois qu'il y a un orage dans l'espoir d'être frappé par le plus grand des coups de foudre ? Vous avez tellement envie d'être en couple que vous êtes prêts à kidnapper Cupidon pour le forcer à vous bombarder de flèches ensorcelées ? Super ! Vous allez bien vous amuser !

Mais tout d'abord, abordons un sujet des plus importants, c'est-à-dire faire le point sur votre relation avec votre actuel partenaire. Vous êtes ensemble depuis trop longtemps ? Vous ne savez plus si l'amour est au rendez-vous ? Voici un petit questionnaire qui vous permettra d'en avoir le cœur net.

1. Tout ce que ta douce moitié dit ou fait te tape sur les nerfs. Sa respiration te tape sur les nerfs. (Ouf ! Pas bon signe, ça !)

2. Tu te sens revivre chaque fois que cette même personne s'absente toute une journée de l'école. (Et la grippe qui dure une semaine, ça, c'est carrément la joie !)

3. Ses blagues sont soudainement devenues ri-di-cu-les. Elles font rire tout le monde, SAUF TOI !

4. Tu trouves toujours le temps pour commenter le statut d'un ami, jouer à ton jeu préféré et écouter des vidéos sur YouTube, mais pas quand vient le moment de répondre aux textos de ton partenaire ; tu es soudainement très occupé. Hum !

5. Tes yeux commencent à se promener dangereusement sur les spécimens désirés tout autour de toi. Les belles personnes ne te laissent plus du tout indifférent.

OPTION 1 :
Aucun de ces énoncés ne s'applique à ta situation. Tu es amoureux par-dessus la tête et il est hors de question de mettre fin à ta relation. Tant mieux pour toi ! Tu peux jeter ce journal (encore mieux: le recycler, le réutiliser comme papier d'emballage, comme litière à hamster ou simplement le refiler à ton voisin) et retourner à ta petite vie amoureuse remplie de confettis et d'arcs-en-ciel.

OPTION 2 :
Un de ces énoncés décrit ce que tu vis. Pire encore, deux d'entre eux ! Ou alors, catastrophe de catastrophe (il était temps que tu te réveilles !), ces énoncés décrivent tous ce que tu vis. OUF ! Tu DOIS reprendre le contrôle de ta vie amoureuse ! Ta relation est fichue ! C'est bel et bien le moment de tourner la page.

Maintenant que ce point est éclairci, passons aux choses sérieuses. Mais attention ! Mieux vaut rompre efficacement si tu ne veux pas rater ton coup, ternir ta réputation ou même devenir la risée de toute l'école. Voici les conseils qu'on vous propose.

Rupture efficace en 3 ÉTAPES FACILES

1. Choisir le bon lieu et le bon moment. Laisser tomber sa douce moitié alors qu'elle vient d'apprendre que ses parents se séparent, que son chien est mort ou que sa mère est gravement malade, ÇA NE SE FAIT PAS ! Un peu de savoir-vivre, quand même ! Et régler ses comptes devant sa gang de chums non plus, ça ne se fait pas. C'est TOTALEMENT humiliant.

2. Trouver les bons mots. Même si on veut rester gentil, il vaut mieux laisser tomber les banalités telles que : « Je veux juste faire une pause », « On reste des amis, si tu veux », « Ce n'est pas toi, le problème, c'est moi ! » Il faut être clair, net et précis. On peut commencer par : « Il faut qu'on se parle. » Ça donne un indice à propos de la suite. Puis, on continue avec quelque chose d'aussi simple que : « Je suis désolé, mais ça ne marche plus, nous deux. Bye ! »

3 Éviter de faire les pires bêtises du monde comme :

- ★ Rompre par texto. (Quelle lâcheté !)
- ★ Annoncer à ta tendre moitié que tu la quittes pour sa meilleure amie. (Quelle imbécillité !)
- ★ Modifier ton statut Facebook pour le faire passer de « En couple » à « Célibataire » AVANT d'avoir rompu. (Quel manque de jugement !)

Quoi ? Vous pensez qu'on exagère ? Vous croyez qu'il est impossible d'agir aussi stupidement ? Détrompez-vous ! Un certain Justin L. (pour ne pas le nommer), nous en a déjà donné la preuve. Que voulez-vous ? Ce n'est pas donné à tout le monde, le bon sens !

Voilà ! Vous avez tout ce qu'il vous faut pour rompre simplement et efficacement ! Il ne reste plus qu'à passer à l'action. Bonne chance !

Ne manquez pas le prochain numéro du *No Name*, parce qu'on va enfin vous aider à trouver l'amour. En attendant, voici le courrier du cœur, les nouvelles du sport, la chronique littéraire et le coin des jeux.

— J'ai hâte de voir la tête de Justin quand il va voir qu'on parle de lui dans le journal étudiant, déclare Thomas sur un ton amusé, en relisant notre article. Il risque de ne pas être content ! ajoute-t-il.

— Ouais, mais ça, c'est son problème ! grogne Eddy. C'était à lui de ne pas faire l'idiot avec Anna ! On aurait pu être bien plus vaches si on avait voulu !

— Vache, toi ? s'étonne Annabelle, un grand sourire aux lèvres. J'aimerais bien voir ça !

Eddy lui lance un crayon par la tête et Annabelle lui répond en faisant une grimace. De son côté, Johnny Depp, qui a cru que le crayon lui était destiné, descend en vitesse de l'épaule de mon amie et court sur le tapis de notre chambre.

— Reviens par ici, petite bestiole, lui murmure Anna, en tapant sur le sol avec ses doigts. Allez, viens ! Tu veux faire une petite sieste ? Regarde, j'ai ton doudou, juste ici. Voilà ! Comme ça ! C'est parfait. Tu es bien, là, hein ?

Thomas et Eddy relèvent la tête pour observer Annabelle, alors qu'elle dorlote Johnny Depp comme s'il était un tout petit bébé.

— Tu sais que c'est un furet, hein ? lui fait remarquer Thomas, les yeux plissés. Il ne va pas t'appeler « maman » ni te faire un câlin !

— Mais oui, je sais, répond aussitôt Anna, la bouche en cœur. C'est juste que je l'aime trop, cette petite bête-là !

Je suis contente que mon amie ait adopté mon furet, parce que j'aurais eu beaucoup de peine s'il était retourné à la maison. Il fait partie de ma vie depuis si longtemps que je ne m'imagine pas finir mon année scolaire sans lui. En même temps, je crois que ça fait du bien à Anna, toute cette affection. Elle ne l'a pas eu facile, ces dernières semaines. Elle a bien le droit d'avoir un peu de douceur, non ?

Pendant qu'Eddy continue à s'empiffrer de bonbons, je décide de me prendre un pot de yogourt dans mon petit frigo. Inutile d'en offrir à mes amis, je sais qu'ils n'en voudront pas. Ed est intolérant au lactose, Anna n'aime pas le yogourt et Tom dit que ma recette maison est trop santé, trop grano* et, surtout, pas assez sucrée à son goût. L'autre jour, il m'a même demandé si je mettais des graines et de la luzerne dans mon yogourt. Sur le coup, je n'ai pas fait attention à sa remarque, mais je me suis vite dit que ça pourrait être une bonne idée. Pas la luzerne, parce que là, ce serait dégoûtant. Mais du yogourt avec des graines de chia et des graines de chanvre, c'est très bon au goût et, surtout, c'est super bon pour

* **Grano/Granola** – Se dit d'une personne dont le style de vie est basé sur une alimentation naturelle, sur des valeurs écologiques et pacifistes.

la santé. Si j'y ajoute des petits fruits en plus, c'est une collation parfaite !

Je pourrais passer le reste de la journée à parler d'alimentation, mais mes amis ne partagent pas cet intérêt avec moi. Je reste donc assise là avec eux, à paresser, à écouter de la musique et à parler de tout et de rien. Au bout d'un certain temps, Thomas reçoit un message, le lit et s'empresse de répondre, un immense sourire aux lèvres.

— *Who's that ?** veut savoir Eddy, curieux.

— Pas de tes affaires, marmonne Thomas en continuant à écrire, les yeux brillants.

Mais Eddy allonge le cou pour lire par-dessus son épaule.

— *What ?* C'est Jeanne ? Sérieux ?

— Ouaip ! répond fièrement Thomas en écrivant plus vite, la langue sortie. Je te l'avais dit qu'elle ne pourrait pas résister à mon charme !

— C'est qui, Jeanne ?

Je ne connais pas le dixième des élèves de cette école, alors si quelqu'un pouvait m'éclairer, ça ne serait pas de refus.

— C'est une fille que Thomas a connue à son party, le week-end dernier, m'explique Anna. C'est la cousine de l'amie de la voisine de la mère d'Eddy.

* ***Who's that ?*** – Qui c'est ?

— Non, lâche Eddy. C'est la voisine de l'amie de la cousine de ma mère.

— On s'en fiche ! réplique aussitôt Thomas. L'important, c'est que j'ai passé une super soirée avec elle. Je crois que je suis amoureux ! En plus, elle est trop belle, trop gentille ! Et trop célibataire !

Euh, j'ai loupé quelque chose ou quoi ? Je ne peux pas m'empêcher de lui demander, un peu contrariée :

— Et toi ?

— Moi, quoi ? marmonne Thomas, la langue sortie, comme si ça l'aidait à écrire plus vite.

— Es-tu célibataire ? Parce qu'aux dernières nouvelles, tu sortais toujours avec Éliane. Tu te souviens d'Éliane ? dis-je, en agitant la main devant son visage pour le faire réagir. Ta blonde ! Ça te rappelle quelque chose ?

— Ah, oui ! Éliane ! Attends !

Thomas lève un index pour me faire patienter et continue à écrire sur son cellulaire. Un sourcil relevé, un sourire en coin, il termine son message et déclare :

— Voilà ! C'est réglé !

— Quoi ? demande Annabelle, inquiète. Qu'est-ce qui est réglé ?

— Je viens de rompre avec Éliane. Je suis donc libre comme l'air ! Je peux inviter Jeanne à…

Mais je ne le laisse pas terminer sa phrase. Je suis bien trop en colère pour ça !

— Tu me niaises* ? Dis-moi que c'est une blague !

— Non. Pourquoi ?

— Tu l'as quittée par texto ? Sérieux ? On vient d'écrire tout un article là-dessus ! On a dressé la liste des pires choses à faire et toi, tu agis comme si tu étais au courant de rien !

Thomas dépose son téléphone, étire les bras et les croise derrière sa tête, l'air tout à fait relaxe.

— Ben oui, mais c'est juste un article, déclare-t-il, le sourire aux lèvres. C'est pour s'amuser, voyons ! Ce n'est pas sérieux, ce qu'on écrit là-dedans !

À côté de moi, Annabelle et Eddy retiennent leur respiration. Ils savent que Thomas vient de faire une bêtise. Une énorme bêtise ! Personne n'a le droit d'insulter mon journal étudiant. Personne n'a le droit de prendre mes articles à la légère. Et surtout, personne n'a le droit de dire que ce n'est pas sérieux !

Incapable de croire qu'il puisse être aussi stupide (et inconscient, et paresseux, et égoïste), je me lève et lui pointe la sortie.

---

* **Niaiser (quelqu'un)** – Se moquer de quelqu'un, le charrier ; faire marcher quelqu'un, lui raconter des sornettes.

— Sors de ma chambre !

— Hein ?

— Sors de ma chambre immédiatement !

Thomas me regarde avec des yeux ronds et lève les épaules comme un enfant de trois ans en train de se faire gronder.

— Pourquoi ?

— Si tu es trop idiot pour comprendre, c'est tant pis pour toi ! Ça me confirme que tu n'as rien à faire ici. J'ai inventé un scénario abracadabrant pour réussir à éloigner Poilue, le temps que vous entriez dans notre chambre, Eddy et toi! J'ai dû transgresser au moins dix mille règles ! Ce n'est certainement pas pour te regarder quitter ta blonde par texto et dénigrer mon journal étudiant.

Je tends le bras bien droit et j'ajoute :

— Dehors !

— Ce n'est pas à toi de décider ! déclare Thomas, indigné. Anna aussi a son mot à dire, c'est votre chambre à toutes les deux, après tout ! Hein, Anna ?

Thomas tourne la tête en direction de mon amie, dans l'espoir d'obtenir un minimum de soutien, mais Anna pince les lèvres et fait non de la tête.

— Désolée, Tom, mais je suis d'accord avec Morgane. Ce n'était pas super brillant, ton histoire !

Thomas ouvre grand la bouche pour répliquer, mais Eddy l'en dissuade en lui donnant un coup de coude dans les côtes. Le paria se lève d'un bond, marmonne deux ou trois trucs impossibles à comprendre et sort de notre chambre en claquant la porte.

Partagée entre la colère et des envies de meurtre, je m'assois à côté d'Anna et je la remercie d'un hochement de tête.

— Pas de quoi, Mo, déclare-t-elle. Faut bien être solidaire, non ? Les gars sont tellement stupides, des fois, que je ne comprends pas comment ils ont pu survivre pendant des millénaires. Si on n'avait pas besoin d'eux pour se reproduire, ils seraient déjà en voie d'extinction !

À côté de nous, Ed tousse dans sa main pour nous rappeler sa présence. Je le considère un moment et j'en viens à la conclusion qu'il n'est pas comme les autres gars. Il est plus gentil. Plus respectueux. Plus ouvert et plus sensible aussi. Dommage qu'il ne soit pas mon genre, parce qu'il ferait un super chum.

À moins que… Tiens, tiens…

Pourquoi pas Annabelle et Eddy ? Ils feraient un beau couple, non ? Ça mériterait que je me penche là-dessus !

Ouaip ! Dossier à suivre…

CHAPITRE 12

Party ou pas party ?

CHAPITRE 12

Tom : Ça suffit, Morgane ! Vas-tu finir par répondre à mes textos ?

Tom : Sérieux, tu exagères, là ! Tu t'entraînes pour devenir la meilleure boudeuse au monde ou quoi ?

Tom : Ça fait trois jours que tu fais comme si je n'existais pas !

Tom : Je me suis excusé au moins deux mille fois, qu'est-ce que tu veux de plus ?

Thomas n'a pas arrêté de m'envoyer des messages depuis que je l'ai mis à la porte de ma chambre lundi dernier. Dès qu'il a une minute de libre, il m'écrit. En se levant le matin, juste avant les cours, entre les cours, après les cours, et même le soir, avant d'aller se coucher, comme on avait l'habitude de faire avant qu'il ne fasse preuve d'une totale incompétence amoureuse. Je sais que j'aurais dû lui répondre depuis un moment déjà, mais je voulais être sûre qu'il avait pris le temps de réfléchir à la façon dont il a agi. C'était mon devoir, en tant qu'amie.

Tom : Tu ne trouves pas que ça a assez duré ? Parle-moi, Morgane ! Tu ne peux pas continuer à m'ignorer comme ça !

Tom : Si ça peut te consoler, dis-toi que je me suis fait pincer par Poilue, en sortant de votre chambre, l'autre jour. J'ai eu droit à tout un sermon de sa part ! Et j'ai même une note à mon dossier. Si elle me reprend sur l'étage des filles, je risque d'être renvoyé !

Tom : Dis quelque chose !

ALLÔ ?!

Tom : C'est super lourd, comme ambiance ! Ed et Anna commencent à en avoir assez, eux aussi !

C'est vrai que c'est assez tendu depuis que je suis muette comme une carpe. Je change de couloir dès que j'aperçois Thomas, je refuse de m'asseoir près de lui à la cafétéria et je lui lance même des boules de papier pendant les cours. (Il arrive que mon côté immature prenne le dessus à l'occasion. Que voulez-vous, je ne suis pas parfaite !)

CHAPITRE 12

Bon, il est peut-être temps de mettre un terme à tout ça. Mais avant, je dois vérifier si Thomas a tiré une leçon de toute cette histoire.

Moi : Comment va Éliane ?

Tom : Oh ! Enfin, te voilà ! Merci, Morgane ! Je me demandais si tu allais me reparler un jour !

Moi : Ça ne répond pas à ma question.

Tom : Elle va bien. Je suis allé lui parler et je me suis excusé. Je l'ai même laissée me traiter de tous les noms devant la moitié de la classe pour me faire pardonner.

Moi : Donc, la prochaine fois que tu voudras laisser une fille...

Tom : Je ne le ferai pas par texto, c'est certain !

Moi : Bon ! Tu commences à comprendre !

Tom : Je vais plutôt lui envoyer un e-mail. C'est plus respectueux.

Moi : Quoi ?

Tom : Je t'ai eue ! Hé ! Hé ! Je donnerais n'importe quoi pour voir ta tête, en ce moment !

Tom : Au fait, tu es où, là ?

Hi ! Hi !

Moi : À la bibliothèque. On est en période d'étude. J'ai fini mes devoirs, alors je fais des recherches pour mon prochain article.

Tom : Cool. Je te laisse travailler, alors. Hé ! Tu vas venir à mon party, samedi, hein ?

Moi : Je ne sais pas.

Tom : Comment ça, tu ne sais pas ? Tu ne vas pas encore te défiler ?

Moi : J'ai promis à Yanie et à Louba de les inviter à la maison ce week-end. Elles ne seront pas contentes si j'annule à la dernière minute. On ne s'est pas beaucoup vues, depuis la rentrée. Elles pensent que je les laisse tomber.

Tom : Tes amies vont comprendre. Allez ! Tu les verras une autre fois ! Tu ne le regretteras pas, c'est promis. Oh ! Je dois te laisser ! Jeanne vient de m'écrire.

Moi : Alors, ça y est ? Vous sortez ensemble ?

Tom : *Yes*, madame ! Et toi, comment ça va avec Pedro ?

Je crois qu'il est temps que je mette un terme à mon mensonge. De toute façon, ce n'est pas comme si j'étais super bonne pour faire semblant. Je ne parle presque jamais de lui, on dirait que je sors avec un fantôme !

BEN… COMME IL N'EXISTE PAS, C'EST UN PEU UN FANTÔME, NON ?

Moi : On a rompu.

Tom : Vraiment ? Je suis désolé, Morgane.

Moi : Bah ! Les amours à distance, ce n'est pas super. Je vais m'en remettre.

Tom : Écoute, je dois vraiment te laisser. Jeanne commence à s'impatienter.

Moi : OK. Pas de problème !

Tom : Content que tu ne sois plus fâchée. *Laila Tov !*

Moi : Euh, il est quatre heures. Tu ne trouves pas qu'il est un peu tôt pour se souhaiter bonne nuit ?

Tom : Je sais. Mais ça me manquait. 😉

Bye !

Moi : Ouais, moi aussi ! 🙂 *Laila Tov !*

CHAPITRE 12

J'éteins mon cellulaire, le sourire fendu jusqu'aux oreilles. Je ne le dirai pas à voix haute, mais je suis bien contente de m'être réconciliée avec Thomas. D'abord, parce que je ne suis pas fan des disputes (il y en a assez à travers le monde, non ?) ; ensuite (c'est là le plus important), parce que je crois bien avoir réussi à lui mettre un peu de plomb dans la tête.

Je reprends le travail et, au bout d'un moment, je vois que Roméo s'est installé à la table juste à côté de la mienne. Il ne semble pas m'avoir remarquée ; c'est assez surprenant, parce qu'avec mes mèches bleues et mon t-shirt aux motifs de flûtes à bec, je ne passe pas tellement inaperçue. Peut-être qu'il ne se souvient pas de moi ? Non, impossible ! Peut-être qu'il n'a pas envie de me voir ? Euh, ça aussi, c'est impossible ! Peut-être qu'il est juste trop timide pour me parler ? Oui, c'est sûrement ça ! Je vais l'aider un peu !

Je prends mon crayon et le lance en direction de sa table. Mais je suis loin d'être précise, et Roméo le reçoit derrière la tête. Oups ! J'aurais dû le lancer moins fort ! Tout d'abord insulté, il se retourne vivement, cherchant à savoir qui l'a attaqué ; je lui fais un petit coucou de la main. Il fronce les sourcils un moment, sûrement à cause du collier de trombones que je porte autour du cou, et finit par me sourire. C'est bon ! Il me reconnaît !

Je lui fais signe de venir s'asseoir avec moi, mais il me fait non de la tête. Tant pis ! Je vais aller le rejoindre. J'empile mes affaires en vitesse et m'installe en face de lui. Hum, la chemise qu'il porte est vraiment très belle. Et Roméo est charmant. Contrairement au look négligé qu'il avait pendant les cours d'éduc, ses cheveux sont coiffés, son visage n'est pas couvert de sueur et, surtout, il sent bon. Oh ! Vraiment bon, même !

— Salut ! Ça va ? lui dis-je, en déposant mes cahiers plus ou moins délicatement.

— Ça ne t'est pas passé par l'esprit que je voulais peut-être être seul ?

— Non. Hé ! As-tu lu mon dernier article, dans le journal étudiant ? C'était drôle, hein ? En tout cas, je me suis bien amusée à l'écrire !

Un élève assis à ma droite pose son doigt devant sa bouche et nous souffle un grand :

— Chuuuuuut !

Ben quoi ! Ce n'est pas comme si je hurlais à tue-tête ! Je lui fais de gros yeux, je baisse un peu le ton de ma voix et je continue :

— L'as-tu lu ? Comment tu l'as trouvé ?

— Correct, me répond Roméo en plongeant les yeux dans son manuel de math. Maintenant, laisse-moi travailler.

— Comment ça, correct? Tu n'as rien de mieux à dire que *correct*?

— Si tu veux la vérité, je n'ai pas été impressionné. Je ne pensais pas que tu descendrais si bas…

Je recule la tête d'un mouvement brusque.

— Qu'est-ce que tu veux dire?

— «Comment se quitter en trois étapes faciles.» C'est assez bas de gamme pour un journal étudiant, tu ne trouves pas?

— C'est toi qui m'as suggéré d'écrire ce genre d'article. Réveille-toi!

Roméo hausse les épaules et se met à griffonner dans son cahier. Ses formules mathématiques semblent bien passionnantes, tout à coup.

— Hé! C'est quoi, ton problème? On est en train de se parler, là! Dis-le, si tu veux que je m'en aille!

— Je veux que tu t'en ailles.

— Pas question! Je ne te laisserai pas tranquille tant que tu ne m'auras pas dit ce qui ne va pas.

— Tu sais que tu m'énerves?

— Oui, je fais souvent cet effet-là aux gens. Tu vas finir par t'habituer.

Roméo pince les lèvres et hoche la tête. Je pense qu'il a compris que je n'abandonnerai pas si facilement. Il dépose son crayon, referme son cahier d'un mouvement sec et m'annonce sans émotion :

— Ça ne va pas trop en ce moment, c'est tout.

— Je peux faire quelque chose ?

— Non. C'est… Je dois gérer ça moi-même. Mais ne t'inquiète pas pour ton journal. Tout le monde l'adore. Sérieux, j'en entends parler partout, même que c'est limite énervant.

Roméo étire les lèvres pour m'encourager avant de poursuivre :

— C'est juste que… Je suis célibataire, alors je ne me suis pas senti tellement concerné par les propos de ton article.

— Oh ! Je comprends. Tu aurais plutôt besoin de conseils pour te trouver quelqu'un, alors.

— Non ! Je ne veux pas d'aide pour ça non plus. J'ai déjà trouvé. C'est ça, le problème.

Roméo lève la tête et plonge son regard dans le mien ; son teint rosit. Tout à coup, je sens une vague de chaleur se répandre dans mes joues. Bout de luzerne !

CHAPITRE 12

EST-CE QU'IL PARLE DE TOI ? NON, CE N'EST SÛREMENT PAS ÇA. TU TE FAIS DES IDÉES... OU PAS...

Une partie de mon cerveau me dit que Roméo est en train de me faire des avances. (Est-ce que c'est bien ça ? Qu'est-ce que j'en sais, après tout ? Je ne suis pas vraiment le genre de fille qui reçoit des déclarations d'amour à la tonne !) Et l'autre partie, bien plus raisonnable, m'assure que mon imagination est beaucoup trop fertile et que mon vis-à-vis parle d'une autre fille de l'école.

Bon, qu'est-ce que je fais ?

SOURIS, MORGANE, SOURIS !

OK. Je souris. Et ensuite ?

Je reprends contact avec la réalité et je secoue la tête de gauche à droite. Qu'est-ce qui me prend ? Depuis quand je suis à court de mots ? Depuis quand je laisse quelqu'un m'intimider — un gars, en plus. Je ne sais pas quelles sont les intentions de Roméo. Je ne sais pas s'il me plaît non plus. Tout ce que je sais, c'est que j'ai là une belle occasion d'apprendre à le connaître. Le pire qu'il puisse arriver, c'est que ça ne colle pas entre nous.

— Je viens d'avoir une idée, lui dis-je, en m'approchant de lui pour ne pas déranger ceux qui travaillent autour de nous.

Mais un élève est allé prévenir la surveillante (franchement, on n'est plus en maternelle), et celle-ci approche, l'air mauvais. Sans émettre un seul son (c'est une pro, on voit qu'elle a raffiné sa technique avec les années), elle nous fait signe de sortir ou de garder le silence. Roméo lui assure que tout est OK, me tend un bout de papier avec son numéro et sort son téléphone. Quelques secondes plus tard, il fait partie de mes contacts et je reçois son premier message :

Roméo : Qu'est-ce que c'est, ton idée ?

Moi : Un party, ça te dit ?

CHAPITRE 12

Je lève la tête et remarque un brin d'hésitation dans les yeux de Roméo. Je voudrais lire dans son regard, mais celui-ci est rivé à l'écran.

Moi : Qu'est-ce qu'il y a ?

Roméo : Rien. C'est bon, je viens. Ça va me faire du bien de me changer les idées !

Moi : Cool !

Roméo : C'est quand ?

Moi : Samedi prochain. Es-tu dispo ?

Roméo : Libre comme l'air ! C'est chez qui ?

Moi : Chez Thomas.

J'attends la suite, mais elle ne vient pas. Mes yeux quittent une fois de plus mon écran et je constate que le visage de Roméo a perdu un peu de ses couleurs. Ses paupières se ferment et il lâche un grand soupir. Qu'est-ce qu'il y a ? Je lui donne un coup de pied en dessous de la table (pas un gros coup, là, juste un petit kick pour le ramener à la vie). Roméo me fait un sourire forcé et tape :

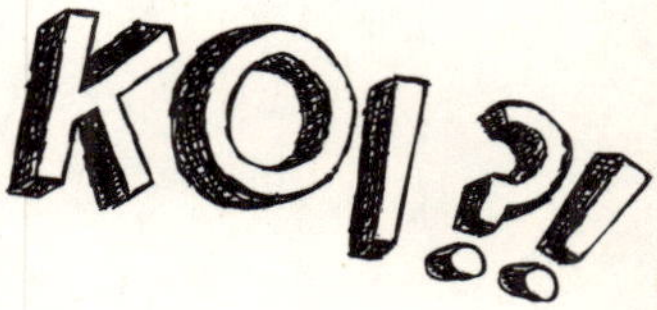

Roméo : Désolé, je ne suis pas libre samedi. J'avais oublié, mais j'ai quelque chose de prévu.

Moi : Ne me prends pas pour une cruche. C'est quoi, le problème ?

Roméo : Aucun problème. Tout va bien !

Moi : Dis-le à ta face, parce qu'elle n'a pas l'air au courant. Tu fais peur, tellement tu es blême.

Roméo lève la tête dans ma direction et serre les dents. Difficile de texter n'importe quoi quand la personne est juste en face, hein ?

Moi : Je ne sais pas ce qui t'empêche de venir, mais je pense que ça va être cool, comme party ! Il va y avoir plein de monde !

Roméo : Comme qui ?

Moi : Je ne sais pas trop. Anna va être là, Eddy, aussi. Et peut-être même la moitié de l'école, si j'en crois les rumeurs. Allez, viens !

Roméo a l'air tiraillé ; on dirait qu'il a vraiment envie de venir, mais que quelque chose le retient. Je mets les coudes sur la table et je lance avec conviction :

— Je ne te laisse pas le choix. On se voit samedi !

— OK.

A-t-il vraiment dit « OK » ? Bout de luzerne ! Le sentiment qui m'habite est difficile à décrire. C'est comme un mélange de mal de cœur, de joie et de peur. Peur de quoi ? Je n'en sais rien du tout ; c'est ça, le plus étrange.

Je range mon cellulaire et j'ouvre mon cahier pour recommencer à travailler. Mais mon cerveau n'a plus envie de se forcer. Mon esprit a plutôt envie de divaguer. Hop ! Un petit tour par-ci. Hop ! Un petit tour par-là ! Hop ! Je pense à une chanson. Hop ! Je me rappelle un vieux souvenir. Hop ! Je me demande ce que je vais manger pour déjeuner demain matin. Tout, sauf la tâche à accomplir.

Tant pis ! Je referme mon cahier, je range mes affaires et je salue Roméo avant de quitter la bibliothèque. En marchant, j'écris à Thomas. C'est Yanie et Louba qui ne seront pas contentes…

Moi : Samedi = *party time !* Je vais être là !

Tom : *Niet !* Party annulé.

Moi : Comment ça ?

Tom : Mes parents reviennent de voyage demain soir.

Moi : Et alors ?

Tom : Je ne vais quand même pas faire un party pendant qu'ils sont là !

Moi : Euh, ils sont où, d'habitude ?

Tom : Ça dépend. Quand ils ne travaillent pas à la pharmacie, ils sont en congrès en Italie. Ou en Russie. Ou en Inde. Ça dépend des fois.

Moi : Tu es sérieux ?

Tom : Ouaip ! C'est cool, hein ? La moitié du temps, j'ai la maison pour moi tout seul.

Cool ? Je ne sais pas…

Ça fait du bien d'être tout seul de temps en temps, mais ça me manquerait de ne voir personne, si j'étais à sa place.

Bon ! Tant pis pour le party. On se reprendra une autre fois. Et puis, je vais pouvoir recevoir Louba et Yanie, comme prévu, ce qui n'est pas mal non plus !

CHAPITRE 13

Tous les chemins mènent à Roméo

CHAPITRE 13

— Anna ?

— Hum ?

Je dois faire vite, parce que, dans quelques minutes, je risque de parler toute seule. Bien installée sur le fauteuil le plus confortable de la salle de repos, mon amie écoute sa musique, les yeux fermés, les jambes allongées, et les pieds sur la petite table en bois. Elle s'est endormie tard hier soir (dix heures trente : un record !), alors elle en profite pour faire une petite sieste.

— J'ai pris une grande décision, dis-je, avec le plus grand des sérieux.

Aucune réaction d'Anna. Je ne sais pas comment elle arrive à se reposer dans cet environnement. Sérieusement, on se croirait dans un zoo ! C'est bientôt la pleine lune ou quoi ? Ça crie, ça se lance des bouts de gomme à effacer par la tête, ça se chamaille. Et Annabelle, bien tranquille au milieu de tout ça, semble parfaitement relaxe. J'allonge le bras et je tire sur le fil de ses écouteurs pour les lui enlever des oreilles.

— Qu'est-ce que tu veux ? bougonne-t-elle, en ouvrant les yeux.

— Tu m'écoutes ou pas ? Je viens de te dire que j'ai pris une décision de la plus haute importance !

— Tu prends des décisions ultra-importantes toutes les deux minutes, Morgane. Je ne vois pas en quoi ça devrait m'empêcher de dormir.

Et elle appuie sa tête sur un coussin, prête à refermer les paupières.

— C'est différent, cette fois, dis-je, en lui donnant un petit coup de pied, pour la tenir réveillée. Ça va changer ma vie. Ça va me permettre de me définir en tant que personne. Ça va me pousser à me dépasser, à vivre des expériences hors du commun, à communier avec la nature…

— Quoi ? Tu prévois entrer dans une secte ? lance-t-elle, dans un demi-sourire. Tu salueras ton gourou pour moi !

— Ha ! Ha ! Très drôle ! Non, ça n'a rien à voir. J'ai décidé de rejoindre le club de plein air.

Cette fois, j'ai réussi à capter son attention. Annabelle plisse le nez et me demande :

— Le club de plein air ? Pourquoi ?

— Pourquoi pas ? J'ai regardé le dépliant, ça a l'air vraiment hot !

Je lui tends le dépliant en question et mon amie lève les yeux au ciel.

— Es-tu sérieuse, Morgane ? Tu veux vraiment passer tes week-ends à lire des cartes géographiques, à t'essuyer avec des feuilles d'arbres quand tu fais pipi et à te déplacer à l'aide d'une boussole ? Il me semble que ce n'est pas vraiment ton genre !

— Comment ça, pas mon genre ? dis-je, en reculant la tête, étonnée par son commentaire. Je suis en super communion avec la nature ! Et en plus, j'ai regardé la liste des activités proposées pendant l'année. On va faire du canot, de la randonnée en montagne, du camping sauvage, des activités pour apprendre à survivre en forêt. Il n'est pas question de boussoles là-dedans.

— Si tu le dis ! Mais tu sais que tu n'auras pas le droit d'y aller en sandales ? se moque Anna.

Je regarde mes pieds et je hausse les épaules. Je devrais survivre à ça.

— Et tu ne pourras pas apporter ton ordinateur non plus. Pas de connexion Internet, pas de musique, pas de journal étudiant. Ça mérite réflexion, non ?

— Ça me va ! dis-je, plus déterminée que jamais. J'ai envie de relever ce défi. Rien de mieux qu'une journée en plein air pour me sortir de ma petite routine confortable. Il paraît qu'on va dormir dehors en plein hiver ! Cool, hein ? C'est Roméo qui me l'a dit.

— Ah oui ? Roméo t'a dit ça, hein ?

Annabelle relève un sourcil et me regarde d'un air suspicieux. Au même moment, Rosalie passe derrière elle et braque ses yeux méprisants sur moi. Mon cœur bondit. Qu'est-ce que je fais ? Je dis à Anna que Rosalie est juste là, ou je fais semblant de rien ?

ELLE N'A PAS BESOIN DE SAVOIR ! CONTINUE ! DE TOUTE FAÇON, ELLE S'EN VA DÉJÀ. REGARDE, JUSTIN EST VENU LA CHERCHER.

Effectivement, l'ex de mon amie vient d'arriver. Il n'a pas l'air plus heureux de me voir et je sais bien pourquoi : il n'a pas du tout apprécié le dernier article du journal étudiant. J'ai reçu un message de bêtises de sa part la journée même de sa publication et le langage qu'il a utilisé était loin d'être poli.

C'est réglé, je fais semblant de rien. Je n'ai pas envie de partir en guerre.

QUELLE ÉTAIT LA QUESTION D'ANNA, DÉJÀ ? AH OUI ! LE CLUB DE PLEIN AIR ! JE LUI RÉPONDS SANS PERDRE MON ENTHOUSIASME.

— Exact ! Roméo m'a dit qu'on allait apprendre à fabriquer un abri avec des branches d'arbre et des bouts de corde.

— Tu ne serais pas en train d'essayer de te rapprocher de lui ? devine-t-elle, perplexe.

— Hein ? De qui ? De Roméo ? Mais non, voyons !

Je crois que j'ai le mot « coupable » écrit dans le front, parce qu'Anna n'a pas l'air de me croire.

— Ça ressemble à ça, en tout cas.

— N'importe quoi ! dis-je, en détournant la tête pour cacher mon embarras. C'est mon ami, c'est tout.

— Si tu le dis !

J'ai tellement chaud, tout à coup, que j'agite mes doigts devant mon visage pour me faire de l'air.

— Je te préviens, Morgane, avise Anna, en prenant un air sérieux. Ce n'est pas une bonne idée de t'inscrire à ce club si c'est juste pour être avec lui.

— Tu peux bien parler, toi ! Je sais très bien que tu as joint le groupe de photos juste pour passer du temps avec ton beau Greg.

— J'aime beaucoup la photo ! se défend-elle, en levant le doigt. Tu le sais bien, j'ai toujours mon cellulaire à la main.

— Pour faire des clichés bien ordinaires, oui ! Les vraies techniques de photographie, c'est autre chose !

— Justement ! Je veux beaucoup apprendre.

Soudain, Annabelle et moi, on éclate de rire. OK. On a un peu choisi nos activités pour les beaux yeux d'un gars. Et alors ? Si on n'aime pas ça, on n'aura qu'à laisser tomber. Mais on ne sait jamais ! Je risque de me plaire, dans le club de plein air. Le défi me semble intéressant.

— C’est bon, mais ne te fais pas trop d’illusions en ce qui concerne Roméo, me prévient mon amie. Je crois que son cœur est déjà pris.

— C’est lui qui te l’a dit ?

— Si on veut !

— Bah ! Il va vite changer d’idée quand il va voir à quel point je suis géniale !

C’est décidé ! Je vais m’inscrire sur-le-champ ! Je me lève et je fais un petit clin d’œil à Annabelle en passant à côté d’elle. Direction : bureau des inscriptions !

* * *

Yanie : Hé ! Es-tu toujours en vie ?

Moi : Yep ! Toujours en vie !

Yanie : Tu ne m’écris presque jamais !

ALLÔ !

Moi : Je suis une fille très occupée, tu le sais bien ! J’ai mille et un projets en tête, alors je n’ai pas vraiment le temps de m’occuper de mes anciennes amies qui habitent à l’autre bout du monde. Désolée ! Je suis en train de vous oublier !

Yanie : Hein ? Comment ça ? Tu ne veux plus de nous ? Tu nous laisses tomber ?

Moi : C'est la vie !

Louba : Franchement, Yanie ! Morgane écrit ça pour te faire réagir, voyons !

Yanie : C'est vrai, Morgane ?

Moi : Yep !

Yanie : Fiou ! Tu m'as fait peur. En tout cas, j'espère que tu ne t'amuses pas trop, sans nous !

Moi : T'inquiète ! Je passe mon temps roulée en boule dans un coin à pleurer en silence.

Yanie : Parfait ! C'est tout ce que tu mérites !

Hi ! Hi ! Hi !

Louba : Tu veux qu'elle soit malheureuse jusqu'à la fin de ses jours parce qu'elle a déménagé ?

CHAPITRE 13

Yanie : Elle a quand même choisi de déménager, non ? Elle a choisi de s'éloigner de nous ! Elle mérite son malheur !

Moi : Raté ! Je ne suis pas malheureuse du tout, les filles !

Louba : C'est clair ! Tu n'es pas du genre à te morfondre.

Yanie : En tout cas, pendant que tu t'amuses avec tes nouveaux amis, Louba essaie de te remplacer. Elle dit que c'est pour me remonter le moral, mais je pense que c'est juste un prétexte pour enfiler tes vêtements.

Louba : Devine ce que je porte, en ce moment ! ☺

Moi : Euh, aucune idée !

Yanie : Elle a mis le t-shirt que tu as oublié chez nous. Tu sais, celui avec des nids de fourmis rouges ?

Moi : Oh ! C'est toi qui l'as ? Je l'ai cherché partout ! Alors ? Qu'est-ce que ça donne ?

Yanie : Elle a l'air d'une vraie folle avec ça sur le dos !

Moi : Je suis sûre que non ! Envoyez-moi une photo ! As-tu trouvé des boucles d'oreilles pour aller avec, Lou ?

Yanie : Pire encore ! Elle porte son collier de coquillages. Tu imagines ? Je te le dis, c'est affreux ! Le look Morgane, ça ne lui va pas du tout ! Parle-lui, Mo ! Dis-lui d'arrêter ça ! Elle n'arrivera jamais à te remplacer, ça ne sert à rien.

Louba : C'est bon, j'ai compris ! J'arrête !

Yanie : Merci ! Merci ! Je vais pouvoir recommencer à m'asseoir à côté de toi à la cafétéria !

Hi ! Hi !

Moi : Vous n'êtes pas possibles, toutes les deux !

Moi : Ça marche toujours pour demain ?

Louba : Oui ! Ma mère va venir nous conduire chez toi et elle reviendra nous chercher dimanche après-midi. J'ai trop hâte de voir ta nouvelle maison !

Yanie : Et ta chambre !

Moi : Je vous ai envoyé des tas de photos.

Yanie : Oui, mais ce n'est pas pareil comme en vrai. Oh ! Penses-tu qu'on va voir des vaches et des chevaux ? J'adore les chevaux !

Moi : Il y a des poules, aussi ! Et des rats, dans la grange du voisin.

Yanie : Des rats ? Yark !

Moi : C'est la campagne, ma chère !

Moi : Sinon, quoi de neuf dans mon ancienne école ?

Louba : Bah ! La même petite vie ordinaire ! Gabrielle sort avec Tristan, Jolie-Anne et Samuel ont rompu, et je fais partie de l'organisation du bal d'Halloween. Et toi ? Raconte ! Je sens qu'il y a quelque chose de différent dans le ton de ta voix.

Moi : On est en train de se texter ! Et je suis beaucoup trop loin pour que tu entendes le son de ma voix !

Louba : Tu ne savais pas que j'avais un sixième sens ? Allez, je t'écoute ! (Ou plutôt, je te lis !) Je sens que tu nous caches quelque chose.

Mon cœur bat un peu plus vite, tout à coup. Louba a toujours su me tirer les vers du nez, sauf que là, je ne suis même pas certaine qu'il y ait des vers cachés quelque part. Est-ce que ça vaut la peine de mentionner ma rencontre avec Roméo ? Je n'ai aucune idée de ce que je ressens pour lui. D'un autre côté, je suis tellement pourrie côté histoires de cœur, que je me dis que mes amies sont bien placées pour me conseiller. Elles ont pas mal plus d'expérience que moi en la matière.

CHAPITRE 13

Alors ? J'en parle ou pas ? Je repense à Roméo. Pas de doute, il est craquant. Au départ, je croyais qu'il n'était pas mon genre, mais plus j'apprends à le connaître, plus je me dis qu'on ferait un beau couple, tous les deux. On a les mêmes goûts. Les mêmes valeurs. C'est probablement le gars qui me ressemble le plus dans cette école.

OK. Je prends mon courage à deux mains et je réponds aux copines. Elles sauront quoi me dire.

Moi : Ben, en fait… Il y a peut-être un gars !

Louba : Quoi ?

Yanie : Yé !

Louba : Je n'arrive pas à y croire !

Yanie : Je le savais !

Et la conversation s'éternise pendant des heures !

Mes deux amies me donnent mille et un conseils sur la meilleure tactique à employer pour me faire valoir aux yeux du beau Roméo. Ce qui, évidemment, me donne des idées pour mon prochain article.

CHAPITRE 14

Il y a de l'amour dans l'air !

Le No Name !

Édito

Bonjour, tout le monde ! Vous attendiez avec impatience la suite de nos articles sur l'amour, hein ? Je sais ! Vous êtes nombreux à nous avoir écrit pour nous poser des questions, nous faire part de vos commentaires ou simplement nous féliciter pour le numéro précédent.

Où en êtes-vous, maintenant ? C'est toujours l'amour fou ? Tant mieux pour vous ! Longue vie à votre couple ! Mais si vous avez rompu dernièrement, l'article qui suit risque de vous intéresser.

Il y a de l'amour dans l'air !

Tu as trouvé l'âme sœur, mais tu ne sais pas comment lui déclarer ton amour ? Tu as peur de te ridiculiser en bafouillant des paroles incompréhensibles ? Quand tu es en compagnie de l'élu de ton cœur, ta cervelle se liquéfie et sort par tes oreilles ? Ne t'en fais pas ! Nous allons t'aider à surmonter ça !

Premièrement, il faut établir le contact avec la personne aimée. Si tu es du genre à raconter n'importe quoi quand tu te retrouves face à l'être désiré, opte pour un moyen moins risqué. Un texto peut faire le travail, mais soyons honnêtes, l'originalité et l'humour sont de bien meilleurs moyens de te démarquer.

★ Glisse un petit mot gentil dans son casier.

★ Souhaite-lui une bonne journée sur le tableau de votre cours de math.

★ Dis-lui qu'il a hanté tes rêves une bonne partie de la nuit. Oh ! C'est romantique, ça ! Et c'est hyper mystérieux, en plus !

★ Prépare-lui une grande chasse au trésor dans les corridors de l'école. Et le trésor, ce sera TOI !

Une fois que les premiers pas sont faits, que le premier contact est établi et que vous avez compris que vous êtes faits l'un pour l'autre, il est temps de passer aux choses sérieuses : le premier baiser. Voici ce qu'il est important de savoir à ce sujet.

1 L'haleine fraîche !

Et ça vaut pour tous les autres baisers du monde entier ! Tu viens de finir de t'entraîner ? Va te laver ! Tu as mangé de la sauce à l'ail et aux oignons sur tes pâtes ? Va te brosser les dents ! Tu fumes ? Arrête de fumer, ce n'est pas bon pour la santé ! Compris ?

2 La technique !

Tu n'as pas besoin d'aller explorer le fond de sa gorge avec ta langue. Ce n'est pas une fouille archéologique, c'est un baiser ! Tu ne trouveras pas de fossiles ni de vestiges d'une valeur inestimable. En tout cas, ce n'est pas supposé ! Vas-y en douceur. Pose tes lèvres sur les siennes. Sors un peu la langue, mais pas trop. Pour une première fois, ce sera parfait. N'hésite pas à t'exercer sur le dos de ta main, ça va te donner confiance en toi.

3 Le romantisme !

Pas question de vous embrasser dans les toilettes publiques d'un centre commercial ! Attendez le bon moment. Prenez rendez-vous. Habillez-vous en conséquence. Passez une belle soirée et, à la toute fin, quand vous n'en pouvez plus, laissez-vous aller.

Bravo ! Vous êtes maintenant des pros des premiers pas et des premiers baisers. N'hésitez pas à nous écrire pour nous raconter comment ça s'est passé, ça va nous faire plaisir de vous lire !

Histoire du jour

racontée par Natacha B.

Salut ! J'ai un kick sur le même gars depuis mon entrée au secondaire. Un jour, j'ai décidé de prendre mon courage à deux mains et d'aller lui parler. Quand je me suis approchée de lui, j'ai hésité entre « salut » et « allô ». Mon cerveau a décidé d'utiliser les deux à la fois et j'ai dit « salô ». Je ne vous dis pas la honte que j'ai ressentie !

Actualités

Les élèves du groupe de sciences ont réussi un exploit tout à fait remarquable en...

C'est la folie furieuse, dans l'école, depuis ce matin. Tout le monde semble vouloir mettre en application les conseils du *No Name* ! Les messages secrets s'accumulent sur les portes des casiers, les petits mots gentils apparaissent sur les différents tableaux des classes et les déclarations d'amour fusent de partout ! On se croirait le jour de la Saint-Valentin. Même que je me suis fait arrêter au moins dix mille fois pendant que je me dirigeais vers le local C-19.

— C'est le meilleur journal étudiant au monde, Morgane !

— Continue ton beau travail !

— Tu devrais faire une chronique sur la façon de se débarrasser d'un ex ultra-collant ! Ça serait utile, je te jure !

— Hé ! J'ai écrit au courrier du cœur, Morgane ! Tu crois que ma question va être publiée dans le prochain numéro ?

— C'est toi la fille la plus cool de l'école ! J'adore tes sandales ! Et ta ceinture en forme de corde à danser ! Et ton nez, aussi ! Tu as un très beau nez !

Euh, OK. Certains exagèrent un peu. Mon nez est beaucoup trop gros (et trop boutonneux), et en plus il n'est pas très droit. Mais comme je suis une fille polie et bien élevée, et que j'aime bien me faire idolâtrer, je me contente d'avancer en souriant et en lâchant des « merci », « c'est très gentil » et des « oui, bonne idée ».

Quand j'arrive enfin dans le local C-19, je ne peux m'empêcher de sourire. D'abord, parce que Roméo est là et qu'il a mis le t-shirt que je préfère, ce qui est sûrement un signe. Ensuite, parce qu'il y a des exemplaires du *No Name* un peu partout. Les élèves déjà arrivés lisent des articles à voix haute, les commentent et font des blagues. Pas de doute, mon journal fait fureur ! Je vais m'asseoir à côté de Roméo et je le salue avec la main.

À l'avant, monsieur Benoit, l'animateur du club de plein air, essaie de nous expliquer le déroulement de cette belle saison remplie d'activités plus passionnantes les unes que les autres, mais les élèves sont plus ou moins attentifs.

— Bon, bon, bon ! Qu'est-ce qu'il y a ? demande-t-il, légèrement impatient. Ça ne vous intéresse pas, ce que je raconte ?

Une fille, que je ne connais pas, lève la main.

— Oui, Carolane ?

— Vous savez, j'ai rêvé de vous la nuit dernière.

Ça y est, c'est le silence total. Monsieur Benoit ouvre grand les yeux, mal à l'aise, et se gratte la nuque avec nervosité :

— Je ne… Hein ? Ce n'est pas une information pertinente pour notre réunion. On en reparlera après, si tu veux bien.

— Est-ce que vous avez une bonne technique ? demande Léa, qui est assise à la même table que Carolane.

— Une bonne technique ? répète monsieur Benoit, qui ne comprend rien. Une bonne technique de quoi ? Je suis assez bon pour monter un feu et faire cuire…

— Comment est votre haleine ? Est-ce qu'elle est fraîche ?

Dans le local, tout le monde éclate de rire. Tout le monde, sauf monsieur Benoit, qui ne comprend rien. Pauvre lui, je dois voler à son secours. Je prends la parole à mon tour.

— Vous n'avez pas lu le dernier numéro du journal étudiant, n'est-ce pas ?

— Euh, non. Pourquoi ?

Je me lève et lui en apporte un exemplaire à l'avant. Après avoir parcouru quelques lignes de mon article, je vois ses yeux s'écarquiller.

— Je voulais vous faire marcher un peu, lui explique Léa, un grand sourire aux lèvres.

CHAPITRE 14

Je sais que, normalement, la plupart des adultes considéreraient cela comme un affront majeur, qui mérite la plus grande des punitions, mais d'après ce qu'on raconte, monsieur Benoit est plutôt cool. Il ne fait pas de cas de situations comme celle-là. Tant que les blagues demeurent respectueuses, il préfère s'amuser avec les élèves plutôt que de leur taper sur la tête.

— Ah ! Je comprends mieux, maintenant ! dit-il, en déposant le journal sur le bureau. Sachez que je suis le plus grand professionnel des baisers au monde et que mon haleine est toujours fraîche ! Ma femme pourrait en témoigner.

Il souffle dans le creux de sa main, enfouit son nez dedans et fait semblant de s'évanouir. Fou rire instantané dans toute la classe. OK. Je l'aime déjà, lui ! S'il est toujours comme ça, on va bien s'amuser pendant nos activités de plein air. On passe encore deux ou trois minutes à faire des blagues et monsieur Benoit redevient sérieux. Puis, il nous invite à proposer des activités qui nous intéressent.

Des activités ? J'en ai une liste pleine !

— On pourrait organiser un grand voyage humanitaire, dis-je, super motivée. Pourquoi pas en Afrique ou à Haïti ?

— En Afrique ? répète une fille assise à l'avant. Je ne veux pas aller en Afrique, moi !

— C'est très coûteux, ce genre de projet, fait remarquer monsieur Benoit. On n'a pas le budget pour ça.

Mais l'argent ne devrait pas être un problème, quand on est des jeunes inspirés et pleins de bonne volonté. Je propose donc une solution :

— On a juste à faire une campagne de financement ! Je suis sûre qu'on peut y arriver ! Il y a tellement de petits enfants qui ne mangent pas à leur faim ou qui n'ont pas accès à l'eau potable, on doit faire notre part pour…

— C'est un club de plein air, précise Jérémie, un gars qui est dans l'un de mes cours, je ne sais plus trop lequel. Pas une œuvre caritative, ajoute-t-il.

— Et alors ? Ce n'est pas grave !

Plusieurs élèves protestent. Quoi ? Il n'y a pas de mal à vouloir faire du bien ! Suis-je la seule qui s'intéresse au sort de ces pauvres enfants ?

— Laisse tomber, Morgane, ajoute Jérémie. On a le droit d'aimer la nature sans avoir nécessairement envie de refaire le monde !

— Oui, je comprends, mais…

— Ben non, tu n'as pas l'air de comprendre, justement ! dit-il, en se levant de sa chaise, pour me montrer du doigt. Tu es la seule que ça intéresse, ce genre de truc. Pourquoi vous n'allez pas ailleurs, toi et ton stupide t-shirt de crocodile orange ?

— Hé ! fait Roméo, qui était demeuré muet jusqu'à présent. Reste poli, veux-tu ?

— Quoi ? Tu te décides enfin à prendre la défense de ta blonde ?

Des rires s'élèvent autour de nous. Je m'apprête à répliquer, quand Roméo bondit sur ses pieds. Wô ! Ça devient intense, tout à coup ! Monsieur Benoit s'approche en levant les mains pour éloigner les deux bagarreurs l'un de l'autre, et leur ordonne de se rasseoir.

— OK ! Ça suffit, la testostérone ! Calmez-vous, tous les deux ; sinon, je vais devoir vous sortir du local.

Roméo, qui n'a pas détourné les yeux de Jérémie une seule seconde, se rassoit sur sa chaise en marmonnant :

— Ce n'est pas ma blonde.

Et Jérémie l'imite en soufflant juste assez fort pour qu'on l'entende :

— Pourtant, vous feriez un beau couple ! Vous êtes vraiment bizarres, tous les deux !

Roméo pince les lèvres et serre les poings. Il semble déployer des efforts surhumains pour garder le contrôle, mais il aurait intérêt à prendre quelques kilos et à grandir de quelques centimètres s'il veut vraiment affronter Jérémie. Peut-être qu'il souhaitait juste prendre ma défense, parce qu'il m'aime bien !

Mon cœur fait un bond. Je n'ai jamais rêvé que mon prince charmant me sauve d'une foule hostile ; au contraire, je suis plutôt du genre à assurer ma propre protection à coup d'argumentation. Mais ça me fait quand même un petit velours * de voir un gars se porter à mon secours. C'est la première fois que ça m'arrive.

Pendant que monsieur Benoit s'assure que le calme est bien revenu, Roméo tourne la tête dans ma direction. Un pâle sourire apparaît sur ses lèvres. Je lui souris à mon tour et, finalement, la réunion peut continuer.

Mais je ne suis pas super attentive. Mon cerveau est au neutre. Finies, les idées de voyages humanitaires ! Parties, les envies folles de parcourir le monde à la recherche de défis à relever ! Tout ce que je veux, c'est demeurer auprès de Roméo !

Je ne m'oppose donc pas aux activités proposées : marche en montagne, raquette, ski de fond, camping d'hiver et plein d'autres trucs qui

* **Faire un petit velours** – Faire plaisir (spécialement par un témoignage d'approbation, d'estime ou de jugement favorable).

ne m'emballeraient pas en temps normal, mais qui me paraissent tout à coup hyper intéressants !

Ça n'a jamais fait de mal à personne, un peu d'aventure, non ?

* * *

Tom : Eddy vient de me dire que tu t'étais inscrite au club de plein air. C'est vrai ? Tu as vraiment fait ça ?

Moi : Pourquoi pas ?

Tom : Tu vas t'ennuyer à mourir !

Moi : Mais non ! Ça va me faire du bien de bouger un peu. Ce n'est pas très bon pour ma santé mentale, de rester aussi longtemps au même endroit.

Tom : 1. Ta santé mentale ne peut pas être pire, alors ne t'en fais pas avec ça.

Tom : 2. Pas besoin d'aller parler avec les écureuils en plein milieu de la forêt pour sortir de la résidence.

Tom : 3. Tu n'as qu'à venir chez moi ! Je t'attends !

Moi : Quoi ? Maintenant ?

Tom : Pourquoi pas ?

Moi : 1. Parce qu'on est en pleine semaine.

Moi : 2. Je ne peux pas sortir de la résidence comme ça. Il faut une autorisation de ma mère.

Moi : 3. Il y a des règles à suivre, ici, tu sais !

Tom : Ah oui ? Comme celles qui interdisent d'avoir des animaux dans vos chambres ?

Moi : C'est différent ! Johnny Depp n'est pas vraiment un animal ! Il fait partie de la famille.

CHAPITRE 14

Tom : Dans ma tête à moi, une bestiole qui perd ses poils et qui fait ses besoins dans une litière, c'est un animal.

Moi : Je dois te laisser. On est en pleine période d'étude.

Tom : Es-tu en train d'essayer de te débarrasser de moi ?

Moi : Tout à fait ! J'ai un problème de math à terminer et je n'y comprends rien !

Tom : Tu veux de l'aide ?

Je m'apprête à lui répondre, quand un autre message apparaît à mon écran.

Roméo : Tu es en train de texter ? Tu risques d'avoir du trouble avec la surveillante si elle te surprend.

Moi : Bon ! Tu m'espionnes ? En fait, je demandais de l'aide à un ami pour le problème de math. Je suis dans le néant.

Roméo : C'est super facile. Rejoins-moi à ma table, je vais t'expliquer ça.

Moi : OK.

Alors que je m'apprête à me lever, le sourire aux lèvres et le cœur léger, je reçois une série de textos de Thomas.

Tom : Pourquoi tu ne me réponds pas ? Tu veux de l'aide ou pas ?

ALLÔ !

Tom : Hé ! Youhou !

Tom : OK. J'ai compris. Tu me fais poireauter, c'est ça ? Tu te venges pour toutes les fois où j'ai texté quelqu'un d'autre en même temps que toi ?

Tom : C'est bon, je te promets de faire plus attention la prochaine fois. Tu peux arrêter de faire semblant.

Moi : Je ne fais pas semblant, pour qui tu me prends ? J'ai autre chose à faire de mon temps, tu sauras. J'étais vraiment en train de texter.

Tom : Ah oui ? Qui ?

Moi : Un gars. De toute façon, ce n'est pas de tes oignons.

Tom : C'est ça ! En tout cas, si tu veux emmener ton ami imaginaire à mon prochain party, samedi qui vient, il est le bienvenu.

Moi : OK. Je vais y penser. As-tu de la nourriture imaginaire et des jeux imaginaires ? Je ne sais pas comment je vais l'occuper, sinon.

Tom : On trouvera bien ! Allez, je te laisse ! Jeanne m'attend pour commencer notre film.

Moi : Jeanne est chez toi ?

Tom : Yep !

Moi : Et tu m'as invitée à vous rejoindre ?

Hein ?

Tom : Je ne vois pas où est le problème. En plus, je me doutais bien que tu ne viendrais pas. Trouillarde !

Moi : Premièrement, je ne suis pas une trouillarde.

Moi : Deuxièmement, bye !

Cette fois, je me lève pour de bon et je rejoins Roméo à sa table. Il se lance dans une explication complexe des formules à utiliser pour résoudre le problème qui m'apparaît difficile. Je ne sais pas pourquoi, mais les math n'ont jamais été aussi captivantes !

CHAPITRE 15

Prise de bec

CHAPITRE 15

La maison de Thomas est immense ! Je crois même que c'est la plus imposante du quartier.

— Euh, es-tu sûre que c'est ici ? me demande Roméo, en levant les yeux pour examiner la façade de pierre.

— C'est l'adresse qu'il m'a donnée, en tout cas. Et j'entends de la musique. Oui, on dirait qu'on est au bon endroit.

Roméo et moi grimpons les marches de l'allée côte à côte. Mon cœur sautille dans ma poitrine quand sa main frôle la mienne, même si le geste semble involontaire de sa part. Je tourne la tête dans sa direction et lui souris gentiment. Il est très beau, ce soir. Je pense qu'il est allé magasiner, parce que c'est la première fois que je le vois porter ce pantalon rouge. Je ne dis pas que je connais sa garde-robe au complet, c'est juste que j'ai peut-être davantage porté attention à ses tenues vestimentaires au cours des derniers jours. Allez savoir pourquoi ! Et ce pantalon-là, eh bien, je ne l'ai jamais vu.

TU NE VAS PAS ANALYSER
INDÉFINIMENT LES
VÊTEMENTS DE ROMÉO ?

Non, mais… Je dois avouer qu'ils s'agencent parfaitement avec mon nouveau vernis à ongles, et mes boucles d'oreilles sauce à spaghetti.

OK. On y est. Je m'approche de la porte d'entrée et je frappe trois grands coups. La musique est forte, ça m'étonnerait qu'on nous entende. Je décide donc d'ouvrir et d'entrer.

Le hall est vide, mais dès qu'on pénètre dans le salon, on comprend que tout le monde est regroupé à l'arrière de la maison. Piscine creusée, immense patio, barbecue, chaises longues et trampoline. Bref, il ne manque de rien.

— Regarde, tes amis sont là, me dit Roméo, en pointant Eddy et Annabelle, qui parlent ensemble, un peu plus loin sur la pelouse.

— Parfait ! Viens, on va les rejoindre !

J'agrippe Roméo par le poignet et je l'entraîne à ma suite. Annabelle nous accueille avec un grand sourire, tandis qu'Eddy glisse ses mains dans ses poches en nous apercevant. Je suis si contente de les voir que je crie presque :

— Hé ! Salut, vous deux ! Ça fait longtemps que vous êtes là ?

— On est arrivés ça fait quinze minutes, me répond Anna, d'aussi bonne humeur que moi. Contente de te voir, Roméo. C'est cool que tu sois venu !

Mon ami hoche la tête, un peu hésitant.

— Ne sois pas si gêné! dis-je, en lui donnant un petit coup d'épaule. On va passer une super soirée!

Mais Roméo ne bronche pas. Il est raide comme un poteau de téléphone.

Euh, c'est moi où il y a une sorte de malaise? Plus personne ne parle. Le sourire d'Annabelle est si forcé qu'elle a l'air de poser pour une annonce de dentiste. Quoi? Qu'est-ce que j'ai encore fait?

C'est Thomas qui brise le silence en s'approchant de nous:

— Ah! Te voilà, Morgane! s'écrie-t-il, en enroulant son bras autour de mes épaules et en me secouant comme si j'étais son grand chum. J'avais peur que tu te défiles encore une fois!

— Me défiler? Pfft! Depuis le temps que j'en entends parler, de tes fameux partys, il fallait bien que je vienne voir si c'est aussi génial qu'on le raconte.

— Et puis? s'exclame-t-il, les bras ouverts, comme pour me présenter fièrement l'étendue de son palace. Qu'est-ce que tu en penses? Pas mal, hein?

— Ouais, pas trop mal!

Thomas me pince le bras et j'éclate de rire.

— OK ! dis-je, en souriant. J'avoue ! C'est très impressionnant !

— J'espère que tu as apporté ton maillot, parce que l'eau est vraiment bonne.

— Il ne fait pas un peu froid pour se baigner ? On est quand même à la fin du mois de septembre.

— La piscine est chauffée, m'explique Thomas. Mais profites-en, parce que dans une semaine ou deux, on va la fermer pour l'hiver et là, on va être obligés de se contenter du spa.

— Oh ! Juste le spa ? Je ne suis pas sûre de revenir, dans ce cas.

Thomas me fait une grimace et je ris à nouveau. Je crois que ça va être une super soirée ! Je n'ai peut-être pas mon maillot, mais je vais trouver le moyen de m'amuser, je ne suis pas inquiète !

Juste comme il me vient l'idée de demander à Tom de nous faire visiter l'intérieur de la maison, celui-ci me tire par le bras, le visage dur.

— Qu'est-ce qu'il fait là, lui ? souffle-t-il, près de mon oreille.

Je tourne la tête pour voir de qui il s'agit.

— Qui ? Roméo ? Tu n'avais pas encore remarqué qu'il était là ? Je l'ai invité.

— C'est quoi, l'idée ?

— Mais tu m'as dit que je pouvais emmener mon ami imaginaire, l'autre jour. Tu te souviens ?

Je le chatouille à la taille pour lui arracher un sourire, mais c'est peine perdue. Ses yeux ressemblent à des fusils prêts à tirer. À côté de moi, Anna, Eddy et Roméo sont figés comme des soldats au garde-à-vous. Bout de luzerne ! Je ne comprends plus rien !

— Bien sûr que je m'en souviens ! lance Thomas, fâché. Ce que je ne comprends pas, c'est pourquoi tu l'as choisi, lui !

— Pourquoi pas ? Il est cool !

— Euh, non ! lâche-t-il, avec un petit rire méprisant. Ce gars-là est tout sauf cool !

— Hé ! Tu sais que j'arrive à t'entendre ? marmonne Roméo, le visage impassible.

Thomas croise les bras et lui répond, le ton amer :

— Parfait ! Je n'ai rien à cacher, moi, contrairement à d'autres !

Roméo fait un pas dans sa direction, l'œil menaçant, et Thomas gonfle la poitrine. Là, ça devient un peu trop intense à mon goût. Je m'approche des deux garçons et me place entre eux de manière à les empêcher de s'entretuer. Bon, ils n'allaient pas vraiment s'entretuer (ils ne se sont même pas touchés), mais j'aime bien croire que je suis celle qui sauve la situation. Super Morgane !

— Qu'est-ce qui te prend, Tom ? dis-je, pour calmer le jeu. Roméo ne t'a rien fait. On est juste venus s'amuser.

— Qu'il aille s'amuser ailleurs ! Il ne fait pas partie de la gang.

C'est du Thomas tout craché ! Un comportement irréfléchi, une attitude bornée et des commentaires aussi immatures qu'un enfant de trois ans. Je ne vais pas le laisser faire. J'approche mon visage à quelques centimètres du sien et j'essaie de lui faire comprendre à quel point il est ridicule.

— Il ne fait pas partie de la gang ? Sérieux, c'est ça, ton argument ? Il y a à peu près cinquante personnes dans ta cour ! Elles ne font pas toutes partie de ta « gang », à ce que je sache ? Qu'est-ce qui te dérange à ce point ?

— J'ai mes raisons ! lâche Thomas, sans donner plus d'explications. De toute façon, c'est chez moi, ici. J'ai le droit de décider qui j'invite ou pas !

— Parfait ! Je vais m'en aller, dans ce cas, annonce Roméo, les dents serrées.

— Bonne idée ! Fais donc ça !

CHAPITRE 15

Ah non ! J'agrippe le t-shirt de Roméo pour l'empêcher de se sauver et je me retourne vers mon ami, le regard noir.

— Il ne va quand même pas s'en aller ! Franchement, Thomas !

Thomas essaie de garder son sang-froid en inspirant de toutes ses forces, mais sa mâchoire demeure crispée. Juste à ma droite, Annabelle observe la scène, les bras croisés, tandis qu'Eddy fixe les lacets de ses chaussures.

— Vous pourriez dire quelque chose, vous deux ! gronde Thomas, impatient.

— Je suis d'accord avec Morgane, déclare Anna. Tu es ridicule. Laisse Roméo s'amuser.

— Sérieux, marmonne-t-il, avant d'avaler sa salive. Tu prends sa défense, Anna ? Et toi, Eddy ? Tu ne dis rien ? Tu veux vraiment que ce gars-là passe la soirée avec nous ? Même après ce qui s'est passé l'autre jour ?

Le regard d'Eddy passe de Roméo à Annabelle. Il se gratte la nuque, baisse la tête, et déclare finalement :

— Laisse tomber, Tom. Viens, on va se chercher un truc à manger.

— Oui, mais…

— On n'est pas obligés de rester avec eux. *Come on.*

Eddy s'éloigne sans ajouter un mot, et Thomas le suit, le visage renfrogné. Et moi… Moi, je reste sur place, à les regarder s'éloigner de nous. Pourquoi ces deux-là se détestent-ils autant ? Qu'est-ce qui s'est passé, *l'autre jour* ? Une querelle amoureuse ? Connaissant Thomas, ce ne serait pas surprenant ! Mais dans ce cas, pourquoi c'est lui qui est fâché, et pas Roméo ? À moins que… À moins que Roméo ait volé la blonde de Thomas ! Oui ! C'est sûrement ça ! Oh ! Le vilain !

Qui est cette fille ? Est-elle ici ce soir ? Est-ce que je la connais ?

Je ne sais pas combien de temps je suis restée là à réfléchir toute seule, mais quand je reprends contact avec la réalité, Roméo et Annabelle sont assis sur une grande balançoire et discutent à voix basse. Ils ont l'air bien complices, tous les deux. Comme si… comme si… Oh !

Je me laisse tomber entre eux, prête pour les confidences.

— Je vous écoute !

— Quoi ? demande Annabelle, d'un ton innocent.

— Je veux tout savoir à propos de cette histoire !

CHAPITRE 15

— Je suis désolé, Morgane, dit Roméo qui cherche à se défiler, mais ça ne te regarde pas vraiment.

— Vous êtes déjà sortis ensemble, tous les deux, c'est bien ça ?

J'observe un instant Roméo, qui évite soigneusement mon regard, et ensuite je tourne la tête vers Annabelle, qui se ronge un ongle. Hum ! Je crois que j'ai visé juste !

— Ce n'est pas ce que tu crois, déclare Roméo pour se justifier. Je n'ai pas…

— Hé ! Tu n'as pas à me donner d'explications, tu sais ! Tu as le droit de sortir avec qui tu veux, surtout si c'est de l'histoire ancienne.

Je lui fais un petit clin d'œil, parce que, quand même, je suis un peu soulagée de savoir qu'il n'y a plus rien entre eux, et j'ajoute :

— De toute façon, je ne vois pas pourquoi ça dérangerait Thomas. Ça ne le regarde vraiment pas. Bon ! Une chose de réglée ! Qu'est-ce qu'on fait, maintenant ? Oh ! J'ai une idée !

Je me lève de la balançoire, j'agrippe Roméo et Annabelle par le bras pour les forcer à se mettre sur leurs pieds et je leur annonce qu'on s'en va jouer au volleyball. Même si je suis nulle pour faire des touches (je me tords un doigt chaque fois), même si je fais les pires services au monde (par en dessous, évidemment !), et même si je risque d'assommer la moitié des joueurs de mon équipe après la première période. Euh… non… Je crois qu'on dit le premier quart… Ou le premier *set* ? Je ne me souviens plus. Bah ! L'important, c'est que je m'amuse ! Et que je rentre en un seul morceau.

* * *

Tom : Salut, Morgane. Je sais que tu ne dors pas, Anna me l'a dit, je viens de la texter. Je sais aussi que tu vas ignorer mes messages pendant au moins deux mille ans. C'est ton choix. Mais je pourrai au moins dire que j'ai fait les premiers pas.

Je lève les yeux vers Annabelle, qui fait semblant de rien. Tout comme moi, elle est étendue sur son lit, cellulaire à la main. Johnny Depp dort collé contre elle, son petit museau niché dans le creux de son cou.

Bon. Qu'est-ce que je fais ? Est-ce que je laisse Thomas mijoter quelques décennies ou je lui réponds ? J'ai bien envie de le bouder jusqu'à la fin de mes jours, mais ma curiosité est telle que je ne peux m'empêcher d'écrire :

CHAPITRE 15

Moi : Vas-tu me donner des explications ?

Tom : Non.

Moi : Je ne comprends pas, Tom. Qu'est-ce qu'il t'a fait, Roméo ? Il t'a volé ta blonde ?

Tom : Non.

Moi : Est-ce qu'il t'a déjà frappé ? Traité de tous les noms ? Insulté ?

Tom : Non plus.

Moi : Ben quoi, alors ? Il a enseveli ta maison sous une tonne de papier de toilette ? Il a capturé ton chat pour lui faire fumer un cigare ? Il a embrassé ta sœur ? Mais non ! Tu n'as pas de sœur ! Tu n'as pas de chat non plus !

Tom : Et toi, tu as l'imagination bien fertile.

Moi : Et elle va continuer à chercher, mon imagination, parce que je ne comprends pas pourquoi tu as agi ainsi.

Tom : Qu'est-ce que ça peut te faire, que je sois gentil ou non avec Roméo ? Ce n'est pas ton problème ! Ce n'est pas ton chum quand même !

Moi : Non, mais ça pourrait bien le devenir !

Oh ! Je ne voulais pas vraiment écrire ça ! Penser à Roméo en tant qu'amoureux, c'est une chose. En parler à Yanie et à Louba, ça passe encore. Mais l'écrire noir sur blanc dans un message destiné à Thomas, qui le déteste, c'est une tout autre histoire.

Tom : Tu me niaises, là ?

Moi : Pas du tout ! Et laisse-moi te dire que ce n'est pas toi qui vas m'empêcher de sortir avec lui ! Que tu l'aimes ou pas !

Moi : Tu devrais aller le voir pour t'excuser.

CHAPITRE 15

Tom : OK. Je pense qu'on fait mieux de changer de sujet. Sinon, je risque de dire des choses que je pourrais regretter.

Moi : Tu es vraiment borné !

Pendant que Thomas me répond, j'ouvre un message qui me provient d'Eddy. Il n'a pas l'habitude de m'écrire en privé. Normalement, il participe aux discussions de groupe et c'est tout, alors je trouve ça vraiment étrange.

Eddy : *Hi, Mo !* Tu dors ?

Moi : Pas encore. Je suis en grande discussion existentielle avec Thomas. Laisse-moi te dire qu'on n'est pas du tout d'accord sur un certain sujet : Roméo !

Eddy : Justement, c'est de ça que je voulais te parler.

Moi : OK. Laisse-moi le temps de flusher* Tom et je te reviens.

Eddy : Pas besoin, je n'en ai pas pour longtemps.

Bye !

* **Flusher** – Se débarrasser de ; laisser tomber (son copain ou sa copine).

Pas grave ! Je change de discussion et je lis le dernier message de Thomas.

Tom : Je ne suis pas borné ! Je suis capable de voir la réalité en face, ce que tu ne sembles pas être en état de faire.

Moi : Je dois te laisser. Ed veut me parler.

Tom : Ed ? C'est vrai ? Il va tout te raconter ?

Moi : Qu'est-ce que j'en sais, moi ? Je ne suis pas devin !

Tom : Écris-moi quand tu auras fini avec lui.

Moi : On verra. Seulement si tu le mérites.

Je retourne à Ed sans prendre le temps de voir si Thomas va me répondre. Je suis trop curieuse.

ALLÔ !

Moi : Je suis là !

Eddy: *Good!* Mais tu pouvais continuer à texter Tom en même temps, ça ne va vraiment pas être long.

Moi: Je veux être cent pour cent concentrée. Vas-y!

Eddy: Ben, c'est ça. Je voulais juste te dire que tu as bien réagi, tout à l'heure, au party.

Moi: À te voir l'air, je pensais que tu étais du côté de Thomas!

Eddy: Je ne suis pas plus d'un côté que de l'autre. En fait, je ne voulais juste pas m'en mêler.

Moi: J'ai bien vu ça. Mais je m'en fiche un peu, pour être honnête. Ce que je veux savoir, c'est pourquoi Tom et Roméo se détestent autant. J'ai bien compris que c'était à cause d'une fille, mais je n'en sais pas plus. J'essaie d'envisager tous les scénarios possibles, mais personne ne veut me donner plus d'explications.

Moi : Moi, je pense que Roméo a réussi à conquérir le cœur d'une belle demoiselle et que Thomas ne l'a pas pris. C'est ça ? Et c'est Annabelle, hein ? Je sais qu'Anna a quelque chose à voir dans tout ça, mais j'ai du mal à imaginer Thomas (que toutes les filles adorent) se faire mettre de côté pour Roméo (qui a plutôt tendance à passer inaperçu).

Moi : Ça s'est passé quand ? Cet été ? L'année dernière ? Et il ne lui a toujours pas pardonné ? Il est vraiment immature, quand il veut, je n'en reviens pas !

Eddy : Eh ! Oh ! Je suis toujours là, *you know* ! Dis-le, si tu veux faire la conversation toute seule !

Moi : Oh ! Désolée. Vas-y ! Je suis prête à connaître la vérité !

Eddy : Eh bien… Disons que Roméo a fait quelque chose que Thomas a jugé inacceptable.

Moi : OK. Et c'est tout ?

CHAPITRE 15

Eddy : Je crois qu'il va lui en vouloir jusqu'à la fin de ses jours.

Moi : Tu ne m'en dis pas beaucoup, là !

Eddy : Non, mais c'est assez pour que tu le laisses tranquille !

Moi : Au contraire ! C'est juste assez pour que j'aie le goût de mener une enquête approfondie ! Il y a sûrement une foule de gens prêts à témoigner, dans cette école ! À commencer par toi ! Je vais vous interroger, vous cuisiner, vous forcer à parler, quitte à vous torturer !

Moi : Sérieux, Ed, tu n'auras pas le choix de tout me raconter !

Moi : Es-tu prêt à commencer ?

Moi : Ed ?

Moi : Ne me dis pas que tu es parti ?

Moi : Espèce de lâche !

Eddy :

CHAPITRE 16

Une rencontre qui a du piquant

Le No Name !

Édito

À la suite des derniers événements qui se sont déroulés dans ma vie, j'ai eu envie d'écrire un numéro spécial sur les secrets. Pourquoi les secrets ? Parce qu'ils sont partout autour de nous. Je vous le dis, pas moyen de faire un pas sans être aux prises avec eux : mystères amoureux, cachotteries, informations dissimulées, secrets d'État, conspirations politiques, etc. Bon, OK. J'exagère un peu. On est dans une école, pas dans les bureaux du FBI. Mais quand même ! Ça ne vous agace pas, tous ces non-dits ?

Bien sûr, avant de me lancer dans une explication détaillée sur l'origine des secrets et de leur évolution à travers les millénaires, je me fais un devoir de répondre à la plus grande question de tous les temps : est-ce que je dois garder à tout prix le secret qui m'a été confié ou dois-je le révéler au grand jour ? Bonne question, hein ? Je vais tâcher d'y apporter une réponse, mais, avant tout, je vous invite à répondre à ce petit questionnaire, qui vous permettra de connaître votre capacité à garder un secret.

Quiz Es-tu muet comme une carpe, un vrai panier percé ou mi-carpe, mi-panier ?

1 Ton amie te dit qu'elle vient de rater son examen de math. « Ne le dis à personne, hein ? C'est trop honteux ! » Comment réagis-tu ?

A) Tu éclates de rire et tu la montres du doigt devant toute la classe en lui disant qu'elle mériterait de retourner faire ses primaires.

B) Tu lui donnes une tape sur l'épaule pour la réconforter, mais aussitôt qu'elle a le dos tourné, tu t'empresses de partager l'info sur Facebook.

C) Tu lèves les yeux au ciel. Cette information est tellement banale que tu pourrais la crier sur tous les toits, et tout le monde s'en ficherait. Sérieusement, tu as autre chose à faire de ton temps !

2 « Je te le dis, mon vieux ! J'ai embrassé la blonde de Georges, hier soir ! C'était trop génial ! » Que fais-tu ?

A) *Oh my God !* Ça, c'est une info de première classe ! Mais ton ami t'a demandé de tenir ta langue, alors c'est ce que tu fais. (Même si c'est incroyablement difficile.)

B) Georges est ton ami depuis toujours, alors tu t'empresses de tout lui raconter. Tu ne veux surtout pas qu'il l'apprenne par quelqu'un d'autre et qu'il devienne la risée de toute l'école.

C) Oups ! C'est toi, Georges !

3 Tes parents ont décidé de préparer une fête pour ta petite sœur. Jeux gonflables, machine à barbe à papa, magicien ; bref, un anniversaire de fou ! Es-tu capable de garder le secret jusqu'au grand jour ?

A) Tout à fait ! En plus, c'est le genre de fête que tu aimes ! Tu penses même organiser une chasse au trésor pour amuser la petite troupe.

B) Tu es très content pour elle, tant que tu n'es pas obligé d'être présent. En attendant, tu ne vois pas pourquoi tu lui gâcherais la surprise.

C) Quoi ? Tes parents n'ont jamais fait autant d'efforts pour ton anniversaire à toi ! Ça ne va pas se passer comme ça ! Tu es prêt à tout lui raconter dès son retour de l'école.

4 Gros tournoi de hockey. Ton meilleur ami est en finale. Entre la deuxième et la troisième période, tu apprends que son chien vient de mourir. Il faisait partie de sa famille depuis dix ans. Que fais-tu ?

A) Tu ne bouges pas d'un poil. Le hockey est plus important. C'est la finale, quand même, non ? Tu auras tout le temps de lui annoncer la triste nouvelle après la partie.

B) Tu cours dans le vestiaire, le cœur en miettes, les larmes aux yeux pour lui crier : « Chouchou est mort ! »

C) Tu attends que la partie reprenne. Ensuite, tu entres dans la cabine du speaker, tu t'empares du micro et tu fais une annonce générale : « Mesdames et messieurs, j'ai le regret de vous annoncer que Chouchou vient d'être écrabouillé par une voiture. Sur ce, je vous souhaite une excellente troisième période ! » (Ça, c'est pour ceux qui ont toujours rêvé de parler dans un micro !)

Rendez-vous à la dernière page du journal pour comptabiliser vos résultats. Vous saurez enfin si vous êtes dignes de confiance.

Maintenant, penchons-nous sur...

— Range ça, s'il te plaît, Morgane. Ce n'est pas l'endroit pour lire. En plus, tu ralentis le groupe.

Monsieur Benoit me surveille, le temps que je range mon exemplaire du dernier *No Name* dans la poche de mon sac à dos et accélère le pas pour retourner à l'avant du groupe. Pas grave. Je le relirai plus tard. De toute façon, je ferais mieux de regarder où je mets les pieds. Il y a tellement de cailloux, de racines et de branches dans ce sentier (si on peut appeler ça un sentier !), que je risque de me retrouver au sol à tout moment. En plus, il a plu, ce matin, alors c'est super glissant.

Bottines de marche aux pieds et bâton de bois à la main, j'essaie d'accélérer le pas pour rejoindre les autres. Ça fait combien de temps, qu'on grimpe cette montagne ? Deux heures ? Peut-être trois ? Et quel plaisir en ai-je retiré ? Aucun ! En plus, le paysage n'est pas très varié : un arbre, une branche, des fougères, un arbre, une branche, des fougères, un arbre, une branche. Tiens ! Un écureuil ! Est-ce que ça fait ma journée, ça ? Non !

Qu'est-ce qui m'a prise de m'inscrire dans le club de plein air, aussi ? Je pensais que ça me permettrait de me rapprocher de la nature, de relever de nouveaux défis, de cultiver mon amour pour notre planète (et pour Roméo, par le fait même !). Mais au lieu de ça, j'ai des ampoules aux pieds, je sue comme ce n'est pas possible et mes jambes sont si fatiguées qu'elles menacent de me laisser tomber à tout moment. J'ai juste envie d'abandonner et de faire demi-tour !

DU CALME, MORGANE !
ÇA NE TE RESSEMBLE PAS, UNE TELLE ATTITUDE ! TU ES PLUS COMBATIVE QUE ÇA, D'HABITUDE !

Je ferme les yeux quelques secondes. Mais pas trop longtemps ; sinon, je risque de marcher sur une roche et de rouler avec elle jusqu'au bas de la pente. Ma petite voix a raison. Je ne suis pas du genre à me plaindre pour des détails aussi insignifiants. Non, j'aime entendre les oiseaux chanter, je donnerais tout pour croiser un ou deux cerfs de Virginie et je risque même de faire un câlin à un arbre d'ici la fin de la journée. Je suis comme ça, moi. J'aime la nature.

Qu'est-ce qui me prend, alors ? Pourquoi je n'arrive pas à profiter du moment ? Respirer le grand air, faire travailler mes muscles, admirer le paysage ! Voilà ! C'est ça ! Le paysage ! C'est lui qui me rend de mauvaise humeur ! Au lieu de me concentrer sur la beauté de la forêt, je n'arrête pas de lever la tête pour voir ce que fait Roméo. J'aurais aimé qu'il m'attende et qu'on marche côte à côte en discutant de tout et de rien (parce qu'on dira ce qu'on voudra, même si je le trouve de mon goût, je ne le connais pas tant que ça !). En plus, j'ai eu beau tenter de découvrir son petit secret au cours des derniers jours, je n'ai rien découvert d'intéressant. Rien, à part le fait qu'il préfère marcher entre Flavie et Florence, les belles jumelles de quatrième secondaire. Ils avancent tous les trois, enjambant les racines et les branches, en rigolant et en faisant des blagues stupides. Bon. J'avoue. Je n'entends pas ce qu'ils disent, mais je suis sûre qu'elles sont stupides, leurs blagues !

Tiens, j'ai une idée ! Je vais couper court à leur petit moment de complicité sur-le-champ ! Je sors mon cell et je tape un message pour Roméo.

Moi : Alors ? Tu t'amuses bien ? C'est cool, comme sortie, non ?

CHAPITRE 16

À plusieurs mètres devant moi, Roméo ne réagit pas. J'essaie encore.

> **Moi :** J'ai hâte d'être arrivée au sommet ! Et toi ?

Toujours aucune réaction. Il n'a peut-être pas apporté son téléphone. Ou alors, il l'a éteint pour la montée. Ou alors, nous ne sommes pas reliés au réseau. Mes yeux se déplacent sur mon écran et constatent que… Bout de luzerne ! C'est exactement ça ! Pas de réseau. J'aurais dû m'en douter ! Bon. Je n'ai pas vraiment le choix. Je vais devoir accélérer le pas si je veux me mêler de leur conversation (et surveiller Roméo pour qu'il ne tombe pas sous le charme de l'une des jumelles).

C'est parti. Je range mon téléphone dans la poche de mon sac à dos, j'agrippe mon bâton fermement et je commence à jogger ; et là, « jogger » est un bien grand mot, parce que la pente est si abrupte que j'ai l'impression de faire du surplace ! Mais ma technique semble tout de même fonctionner. Je me rapproche d'eux peu à peu. Ouf ! C'est essoufflant, cette montée ! Pfft ! Je ne sais pas si je vais pouvoir tenir le rythme bien longtemps !

— Hé ! J'arrive !

Roméo et les jumelles se retournent et je lève la main pour leur faire signe de m'attendre.

— C'est… C'est toute une montée, hein? dis-je en respirant difficilement. Méchante montagne!

— Moi, ça va, répond Flavie (ou est-ce Florence?), fraîche comme une rose. J'ai déjà fait ce sentier des dizaines de fois, alors je suis habituée.

Bon! Une pro de la montagne! Il ne manquait plus que ça! J'aurais dû m'en douter en voyant ses bottes à deux cents dollars, son sac à dos rempli d'accessoires, sa gourde à isolation triple et son bâton de marche fait d'aluminium ultraléger. Je regarde un instant mon propre bâton — une branche taillée à l'aide d'un vieux couteau —, et je me sens bien ridicule, tout à coup.

— Veux-tu une collation? propose Florence (ou est-ce Flavie?). Tu as l'air fatiguée. Il nous reste une bonne heure de marche, je pense que tu devrais reprendre des forces.

Une heure? Encore une heure de marche? Bout de luzerne! Les filles ont raison, je dois manger quelque chose. Mais pas question d'avaler leurs trucs bourrés de produits chimiques et de protéines en poudre. Je les remercie d'un hochement de tête et je fouille à l'intérieur de mon sac à dos. Une compote et quelques noix feront l'affaire.

— La compote, c'est très bien, fait Flavie (ou est-ce Florence ?), pour commencer. C'est plein de glucides, ça va te donner de l'énergie. Mais les noix, je ne suis pas sûre que ce soit une bonne idée. C'est long à digérer, tu risques de…

Le regard que je lui lance suffit à la faire taire. À côté de nous, Roméo éclate de rire.

— Je pense que Morgane peut se débrouiller, déclare-t-il, en me souriant. Bon. On continue ?

J'avale en vitesse ma compote et je me mets en route aux côtés de mon ami. On marche ensemble pendant un bon bout de temps, sans que je cesse d'entretenir la conversation. De cette façon, je réussis à garder les jumelles à l'écart. Le sentier est très étroit, par ici, alors elles n'ont pas d'autre choix que de marcher derrière nous. Hé ! Hé !

— On arrive, les jeunes ! annonce enfin monsieur Benoit, en s'arrêtant au sommet de la montagne. Venez ! Approchez ! Admirez la vue !

J'avance de quelques pas et… wow ! On est si hauts qu'on peut voir presque à l'infini ! La bouche grande ouverte, les bras ballants, je ne trouve pas les mots pour décrire comment je me sens. C'est comme si je m'étais battue pour ma survie pendant des années et qu'enfin j'avais réussi à trouver la paix et le bonheur. Bon, ce n'est pas tout à fait ça, mais presque ! Pendant que certains commencent à s'installer pour manger, je reste là, sans bouger, sans parler. Je n'arrive pas à détourner les yeux du panorama. Je veux regarder le paysage encore et encore !

Nous sommes si hauts que je pourrais presque toucher les nuages en étirant le bras. Devant moi, les montagnes se perdent au loin, dévoilant leurs couleurs éclatantes. Le rouge, le jaune, l'orangé et le vert se côtoient dans un tableau presque irréel, tellement il est beau. Un peu plus bas, la rivière qui sillonne la vallée brille sous les rayons du soleil.

Je ne veux plus m'en aller. Je veux rester ici pour toujours.

— Tu viens manger, Morgane ? me demande Roméo, en apparaissant à mes côtés.

— Pourquoi personne ne m'a dit qu'on marchait vers le paradis ? lui dis-je, les yeux luisants.

— Je savais que tu aimerais ça, me répond-il, la voix grave. Tu n'es peut-être pas la fille la plus en forme que je connaisse, mais tu sais apprécier la beauté du monde quand elle se présente à toi.

CHAPITRE 16

À mi-chemin entre l'insulte et le compliment, la dernière phrase de Roméo reste bien gravée dans ma tête. « … tu sais apprécier la beauté du monde quand elle se présente à toi. » Oui, la beauté du monde ! C'est exactement ça ! On s'assoit sur un gros rocher, face au vide, et on reste là un moment, silencieux, impressionnés, éblouis. J'entends Roméo inspirer profondément et je décide de faire pareil. Je peux alors sentir l'énergie se répandre dans mes veines et se diffuser dans mon corps en entier. Je suis si bien que j'en oublie presque la présence des autres.

— Vous devriez commencer à manger, nous dit monsieur Benoit pour nous prévenir, en posant une main sur mon épaule pour me sortir de ma méditation. On repart dans quinze minutes.

J'acquiesce en silence et je sors mon sandwich de mon sac à dos. Une fois les premières bouchées avalées, je jette un coup d'œil sur le repas de Roméo. Il fait de même.

— Tartinade de tofu, tomates et pousses de radis, déclare-t-il en désignant son sandwich.

— Tartinade de tofu, tomates et pousses de tournesol, lui dis-je, en montrant le mien.

Il me fait un clin d'œil et croque à belles dents dans son repas. Il n'y a pas à dire, on se rejoint vraiment, côté alimentation. Pas difficile de voir qu'on est faits pour être ensemble, tous les deux !

Entre deux bouchées, il sort son téléphone pour prendre une photo. Un petit bip nous avertit qu'il a reçu un message.

— Je ne pensais pas qu'on était branchés au réseau ici, lance Roméo, étonné.

— On ne l'était pas tout à l'heure, en tout cas. J'ai essayé de t'écrire. C'est sûrement mon texto qui vient de rentrer.

Roméo consulte sa messagerie et hoche la tête pour confirmer. Puis, ses sourcils se froncent.

— Quoi ?

— Rien… J'ai reçu un autre message, c'est tout. Laisse-moi le lire…

— Ça n'a pas l'air de faire ton bonheur.

— Au contraire, m'assure-t-il, le visage soudainement plus détendu. Je suis vraiment content.

— Qu'est-ce que ça dit ?

Je m'étire le cou pour regarder, mais Roméo s'empresse de fermer son téléphone et de le ranger dans sa poche.

— Rien qui te concerne. Bon ! On y va ? demande-t-il, en se levant pour ramasser ses affaires. C'est l'heure de rentrer.

CHAPITRE 16

On dirait que des ailes viennent de lui pousser dans le dos ! En un rien de temps, il est déjà dans le sentier, en train de dévaler la pente à toute vitesse. Je me dépêche de ranger mon lunch à mon tour, mais je n'arrive pas à rattraper Roméo. Je croyais que la descente serait plus facile que la montée, mais c'est clair que je m'étais trompée ! Les roches roulent sur mes pieds, je tombe sans arrêt et j'ai les fesses plus sales et plus meurtries que jamais.

Encore une fois, je suis bonne dernière, pendant que le reste du groupe avance allègrement. Je dois rattraper Roméo. J'ai trop de questions en tête. Qui lui a écrit ce message ? Qu'est-ce qu'il disait ? Pourquoi est-ce que ça l'a rendu si heureux ? Est-ce que c'est une fille ? Qui ? Une des deux jumelles ? Elles ont l'air particulièrement de bonne humeur depuis qu'on a pris le chemin du retour.

J'essaie d'accélérer un peu, mais mes ampoules me font si mal que je boite des deux pieds. (Ce qui veut dire qu'en théorie je devrais marcher droit, mais de façon moins élégante.) Au moins, le terrain va bientôt redevenir plat. Si ma mémoire est bonne, il ne reste qu'une grande côte à descendre et après ça, je devrais arriver à faire trois pas sans tomber.

ALLEZ, UN PEU PLUS VITE, MORGANE ! LES AUTRES SONT LOIN DEVANT !

Oui ! Oui ! J'essaie ! Je me penche pour éviter une branche d'arbre, je saute par-dessus un tronc tombé au sol, je contourne un petit ruisseau et…

OH… MY… GOD…

Mon sang ne fait qu'un tour. Est-ce que c'est vraiment ce que je pense ?

Cette bestiole, à quelques mètres de moi, c'est… c'est un porc-épic ? C'est si gros que ça, un porc-épic ? Il me semble que c'est tout petit, dans les livres et les dessins animés ! Celui-là est immense ! Et ses piquants ont l'air tellement, tellement piquants ! Qu'est-ce que je dois faire ? Il est sur ma route ! Je ne peux quand même pas lui ordonner de se pousser ! Je pourrais toujours le contourner, mais, pour ça, il faudrait que je descende par ce gros rocher, juste à ma droite. Mauvaise idée ! Je ne veux pas passer à côté de lui non plus, j'ai trop peur qu'il me transperce le corps avec ses pics menaçants. Je ne me rappelle plus… Est-ce que c'est vrai que les porcs-épics peuvent lancer leurs piquants ou s'agit-il d'une légende urbaine ?

VEUX-TU VRAIMENT FAIRE LE TEST ?

Non ! Qu'est-ce que je dois faire ? Les autres m'ont abandonnée ! Je suis seule au monde ! Il n'y a donc personne qui se soucie de moi ? Le cœur battant et la gorge sèche, je prends mon cellulaire pour appeler à l'aide, mais évidemment, je ne suis plus reliée au réseau !

Pendant ce temps-là, la bestiole continue à avancer dans ma direction à pas de tortue. J'avale difficilement ma salive. Quelle est la meilleure stratégie à adopter ? Crier ? Faire de grands gestes avec les mains pour effrayer la bête ? Et si je lui lançais un caillou ? (Pas un gros, juste un petit caillou assez solide pour l'assommer.) Ça me permettrait de passer à côté sans me faire dévorer. Parce que je ne suis plus certaine, mais je crois avoir aperçu une rangée de dents acérées dans sa gueule.

— Morgane ?

Oh ! C'est Roméo qui m'appelle ! Il vient à mon secours !

— Je suis là ! À l'aide !

TU TE RENDS COMPTE QUE TU AS VRAIMENT L'AIR D'UNE PRINCESSE EN DÉTRESSE AU SOMMET DE SON CHÂTEAU ? TU MÉPRISES CETTE IMAGE, NE L'OUBLIE PAS !

Oui… C'est vrai, je sais ! Je vais faire comme si j'étais en pleine possession de mes moyens. La voix un peu plus forte, je lance :

— Viens voir ! Tu n'en croiras pas tes yeux !

Je l'aperçois enfin qui arrive au bas de la pente, le visage légèrement inquiet.

— Qu'est-ce que tu fais ? Tout le monde te cherche !

— Chut ! Regarde !

CHAPITRE 16

Je lui fais signe de baisser le ton en posant un doigt sur mes lèvres et je lui pointe l'animal qui se tient entre nous.

— Je voulais prendre le temps de l'observer. Ce n'est pas tous les jours qu'on tombe nez à nez avec un porc-épic.

— Wow! dit Roméo, en avançant pour avoir une meilleure vue. Il est vraiment gros! Ça ne te fait pas peur?

— Pfft! Non! Regarde! dis-je, en faisant un pas dans sa direction.

— Ne t'approche pas trop, Morgane, m'ordonne monsieur Benoit, qui a également fait demi-tour pour voir ce qui se passe. On ne voudrait pas l'effrayer.

Je ne sais pas qui est le plus effrayé de nous deux. À première vue, je dirais moi. Au même moment, Roméo éternue et me fait sursauter. Je recule d'un pas, pose ma main sur un rocher et fais dégringoler un caillou. Surpris par tous ces bruits, la bestiole hérisse ses piquants et se met à courir dans ma direction.

Quoi? Non! Je ne veux pas mourir aujourd'hui! Mais au lieu de m'attaquer, elle se faufile à travers les branches et disparaît dans la forêt. Et moi… Moi, je suis pétrifiée.

Roméo et monsieur Benoit s'empressent de me rejoindre pour s'assurer que je vais bien. Je ne sais pas pourquoi, mais, pendant le reste du trajet, je réussis parfaitement à suivre le groupe. Je ne suis plus à la traîne du tout.

CHAPITRE 17

Secrets bien gardés

CHAPITRE 17

Je suis de mauvaise humeur. Tout me tape sur les nerfs. Sérieusement, j'ai eu une semaine pourrie ! En temps normal, j'essaierais de relativiser le problème en me disant que ma vie pourrait être pire (si on la compare aux enfants maltraités, à ceux qui se battent contre la maladie ou à ceux qui doivent travailler pour survivre), mais je n'ai pas la tête à réfléchir à ce genre de choses. Pour l'instant, je pense à moi et à mes grands malheurs.

Je n'ai pas pu reparler à Roméo de toute la semaine. Il répond à mes textos avec le minimum de mots : « Oui », « Non », « Je dois y aller » ; il me salue à peine de la main quand il me croise dans les corridors, et au cours d'éduc, hier, il s'est mis en équipe avec une fille que je ne connais pas au lieu de me choisir.

Je ne comprends pas trop ce qui se passe. Je sais que ça a quelque chose à voir avec le message qu'il a reçu pendant la sortie du club de plein air, mais je n'en sais pas plus. J'ai essayé de le questionner (sans succès), j'ai emprunté son cellulaire pour faire une petite recherche (pas réussi à trouver son mot de passe). J'ai même mis sa chambre sur écoute à l'aide d'un dispositif ultra-perfectionné. (Ça, c'est dans mes rêves ! Mais ça aurait été pratique, non ?)

Donc, j'en suis là. Frustrée. Déprimée. Et ma curiosité est loin d'être assouvie. Je lâche un grand soupir quand je vois le message de Thomas :

Tom : Et puis ? Qu'est-ce que tu fais de ta soirée ?

ALLÔ !

Moi : Rien ! Je n'ai rien à faire ! C'est trop ennuyant !

Tom : Tu n'as qu'à travailler sur le prochain numéro du journal.

Moi : C'est ce que je fais depuis une heure. J'en ai marre.

Tom : Au fait, il était super, ton article sur les secrets ! Il a fait fureur, en tout cas. C'était de circonstance !

Moi : Qu'est-ce que tu veux dire, de circonstance ?

Tom : Rien. Je me comprends. ☺

CHAPITRE 17

Moi : Bon ! Encore des cachotteries ! Tu n'as pas une partie de hockey à jouer, toi ?

Tom : Oui, demain matin. Mais qu'est-ce qu'il y a ? Tu as l'air énervée.

Moi : Tu me demandes ce qu'il y a ? Tu es sérieux ?

Moi : Tu m'as abandonnée pour le week-end ! Voilà ce qu'il y a !

Tom : Ce n'est quand même pas ma faute si je suis en tournoi !

Moi : Et Annabelle est partie voir sa grand-mère à l'autre bout du monde !

Tom : À deux heures d'ici, ce n'est pas si loin !

Moi : Et Eddy avait une « supposée » compétition de karaté. Il ne fait même pas de karaté ! C'est quoi, l'histoire ?

Tom : Aucune idée. Il ne me l'a pas dit. Mais arrête de râler un peu. Tu as la chambre à toi toute seule, tu devrais être contente !

Moi : Le temps est tellement long ! Et on est juste vendredi soir ! C'est fou, hein, mais j'ai déjà hâte d'être lundi.

Tom : Pourquoi tu n'es pas rentrée chez toi pour le week-end ? C'est ce que tu fais, d'habitude, non ?

Moi : Oui, mais là, ma mère avait une formation pour son travail. Deux nuits dans un hôtel cinq étoiles pendant que je me morfonds ici toute seule. Pfft ! La vie est vraiment injuste !

Tom : Qu'est-ce que tu ne me dis pas, Morgane ? Je te connais, tu n'es pas du genre à te plaindre parce que tu es toute seule. Il y a autre chose, c'est sûr.

Thomas a raison. Je repense à mon article sur les secrets et je me dis que je ne suis pas mieux que mes amis. Moi aussi, je leur cache un truc. Ce n'est pas un secret qui mérite vraiment d'être gardé. C'est juste que… Je trouve ça humiliant de me retrouver toute seule le soir de mon anniversaire.

Moi : Tout va bien. Laisse tomber.

Tom : Si tu le dis. Bon, je dois éteindre, on vient d'arriver à l'hôtel.

Moi : OK. Et moi, je vais aller faire un tour dans la salle de repos, voir si j'y suis.

Tom : Bonne soirée ! *Laila Tov !*

Moi : *Laila Tov !* Et bon match, demain.

Je laisse tomber mon téléphone à côté de moi et je lâche un grand soupir. Pffft ! Je ne sais pas quoi faire ! Jouer à des jeux sur mon cell ? Pas envie. Regarder une émission stupide à la télé ? Pas envie. Lire le journal ? Faire le ménage de ma *playlist* ? Faire un tour sur Facebook ? Finir mes devoirs ? Je n'ai envie de rien ! Bout de luzerne ! Passer le week-end toute seule à la résidence, c'est vraiment nul !

Mon cellulaire émet un bip. Je l'allume et constate que ma mère m'a écrit.

Maman : Ça va, ma colombe ?

C'est la troisième fois qu'elle m'envoie des messages depuis ce matin. Elle se sent tellement mal de ne pas être présente pour mon anniversaire qu'elle est prête à tout pour se faire pardonner. Même chose pour Louba et Yanie. Elles m'ont fait parvenir des tas et des tas de cartes virtuelles, de vidéos et de photos d'elles.

Je m'apprête à leur répondre quand je reçois un message de Roméo.

Roméo : Qu'est-ce que tu fais ?

Moi : Je compte les tuiles au plafond de ma chambre. Et toi ?

Roméo : Pas grand-chose. Je vais peut-être aller à la piscine tout à l'heure.

Moi : Comment ça, à la piscine ? Tu n'es pas chez toi ?

Hein?

CHAPITRE 17

Roméo : Non. Je suis coincé à la résidence pour le week-end. Mes parents ne pouvaient pas venir me chercher. Ma mère vient de se faire opérer, alors mon père s'occupe d'elle à la maison. Elle doit se reposer.

Moi : Oh ! Désolée.

Désolée ? Pas du tout ! Hi, hi ! Je me retiens pour ne pas courir jusqu'à sa chambre et lui sauter au cou ! Finalement, les prochains jours ne seront peut-être pas aussi pourris que je le croyais ! Roméo et moi, seuls au monde, dans cette résidence presque déserte ! Le rêve !

Moi : Tu veux qu'on mange ensemble ?

Roméo : Oui, bonne idée. Si tu veux, on peut se retrouver dans la salle de repos vers six heures.

Moi : C'est parfait !

Il me reste une heure pour me préparer. Je me déshabille, saute dans la douche et m'applique à laver mes longs cheveux, même si je les ai déjà lavés ce matin. Si je veux être présentable (et sentir bon, et faire bonne impression, et que Roméo me trouve irrésistible), je dois mettre les bouchées doubles. Je ne sais pas si mon instinct est bon, mais je crois que ce soir, c'est le grand soir.

Une fois lavée et séchée, j'enfile mon t-shirt préféré. Euh, non. Je l'enlève. Je ne voudrais pas lui donner mal au cœur. J'ouvre grand le tiroir de ma commode dans le but de trouver le t-shirt parfait pour l'occasion.

Le problème, c'est qu'il n'y en a aucun qui est assez bien pour Roméo. Il ne mérite pas de manger en compagnie d'un robot androïde, d'une araignée décapitée ou d'un jeu de scrabble. Qu'est-ce que je vais porter, alors ? Je n'ai pas un seul t-shirt normal ? Ordinaire ? Banal ? Ennuyeux ?

À moins que… Oui ! Bonne idée ! Je sais ce que je vais faire !

* * *

Je regarde ma montre. Parfait ! Je suis pile à l'heure !

En arrivant dans la salle de repos, j'aperçois Roméo assis sur un canapé, en train de regarder une partie de basketball à la télé. J'en profite pour l'admirer de loin. Il est très beau, comme toujours. Je me plais même à penser qu'il a apporté une attention particulière à son apparence pour notre petit rendez-vous. Ses cheveux sont coiffés à la perfection, ses chaussures s'agencent avec la couleur de sa ceinture et, en plus, il sent bon. Enfin, je crois qu'il sent bon. Je suis un peu loin pour le savoir.

J'avance de quelques pas et je me plante à côté de lui. Il ne me voit pas. Zut ! Je me racle la gorge avec nervosité et il tourne enfin la tête.

— Ah ! Te voilà !

Et là, il me regarde comme si je sortais d'une soucoupe volante.

— Euh, est-ce que tout va bien ? me demande-t-il, en étirant le bras pour toucher le tissu de ma chemise. C'est quoi, ça ?

— Elle est belle, hein ? Est-ce que tu l'aimes ?

— Ben, je ne sais pas trop. Ça ne te ressemble pas vraiment. Tu es plus du genre motifs de biscuits chinois, de planches de bois et de faux bikini que…

— Que quoi ?

— Ben… que ça…

Je baisse les yeux sur mes vêtements et je comprends qu'il a tout à fait raison. Je n'aurais jamais dû m'habiller ainsi ! Une jupe en jeans, une chemise nouée à la taille, des sandales à talons… Qu'est-ce qui m'a pris ?

— Tu veux que j'aille me changer ? dis-je, en voyant l'air déçu de Roméo.

— Non. Ce n'est pas nécessaire, me répond-il en me faisant signe de le suivre.

— Tu es sûr ? Ça va me prendre deux min…

— C'est bon, j'ai dit. Les autres nous attendent.

Il a bien l'air pressé, tout à coup. Et moi, je plisse les yeux et lui demande :

— Les autres ? Quels autres ?

— Euh… Ben, mes amis, bafouille-t-il, en s'essuyant les mains sur son jeans. Bon ! On y va ?

Roméo devient rouge comme une tomate. Et moi, je suis un peu déçue. (Un peu ? Non ! Incroyablement déçue !) Ses amis vont manger avec nous ? Sérieux ? Pour le souper romantique, on repassera !

À la fois mécontente et frustrée par le manque d'initiative de mon cavalier, je lui emboîte le pas jusqu'à la cafétéria. Je crois que c'est le pire anniversaire de toute ma vie ! Pas d'amis ! Pas de famille ! Pas de « presque petit ami » non plus ! La gorge nouée et le cœur gros, je lève les yeux au plafond. Une banderole scintillante y est accrochée:

Bonne fête*, Morgane!

Et avant que mon cerveau ne comprenne quoi que ce soit, j'entends chanter autour de moi:

Bonne fête, Morgane!
Bonne fête, Morgane!
Bonne fête, bonne fête,
bonne fête, Morgane!
Hip! Hip! Hip! Hourra!

Une larme coule sur ma joue. Pas parce que j'ai toujours rêvé de me faire chanter bonne fête un vendredi soir dans une cafétéria à moitié vide! Non! C'est parce que, pendant la chanson, mon regard s'est posé sur des visages qui me font du bien. Des visages qui ne sont pas censés être là: Anna, Eddy et Thomas. Et juste à leur droite, j'aperçois Yanie et Louba! Ben voyons! Qu'est-ce qu'elles font là? Elles se tiennent bien droit, les yeux plus brillants qu'une météorite, et

* **Fête** – Anniversaire.

se déplacent en même temps pour laisser apparaître… maman !

Je n'arrive pas à y croire ! Je m'élance dans ses bras, la gorge serrée et je lui fais le plus gros des câlins. Fiers de leur surprise, mes amis s'approchent de moi en applaudissant et me prennent tour à tour dans leurs bras.

— Vous êtes tous ici pour moi ? dis-je, émue.

— On n'allait quand même pas manquer ton anniversaire, ma colombe, me dit maman, vêtue de sa belle robe noire. On ne se voit presque plus.

— Et je comprends pourquoi ! s'exclame Louba, avec découragement. C'est vraiment l'autre bout du monde, ici !

Je rigole un bon coup, je serre une fois de plus Louba et Yanie dans mes bras et je me tourne vers mes nouveaux amis.

— Alors? dis-je, en croisant les bras. Vous n'étiez pas partis, vous trois ?

— Tu ne connais vraiment rien au hockey, toi, hein ? demande Thomas pour m'agacer. Il n'y a jamais de tournois au mois d'octobre, voyons !

— Ah ! OK. Et toi, Anna? dis-je, sous le choc. Tu n'allais pas voir ta grand-mère ?

— Ma grand-mère n'est plus de ce monde depuis cinq ans ! m'annonce-t-elle, l'œil malicieux. Au fait, tout un look, que tu as là !

— Oh ! Oui ! dis-je, honteuse, en tirant sur le bas de ma jupe pour essayer de l'allonger. Je t'ai emprunté quelques vêtements. Mais ça ne me va pas du tout.

— C'est bon ! Ne t'en fais pas ! Mais ne t'avise pas de recommencer !

Anna me donne un petit coup de coude et laisse passer Eddy, qui s'avance vers moi en faisant des mouvements (ratés) de karaté. Pas de doute, il m'a mené en bateau lui aussi.

— Ya ! Ka-ra-ta-ka ! Ya ! Alors ? Contente de ta surprise ?

— Encore plus contente de savoir que tu ne pratiques pas ce sport pour de vrai. Tu es vraiment mauvais !

— Hé ! Je me suis entraîné pendant des jours pour arriver à faire ça ! *Just for you !*

Eddy s'esclaffe et je l'imite. Je suis vraiment heureuse ! Je n'aurai peut-être pas la fin de semaine romantique espérée avec mon amoureux secret, mais là, tout de suite, je m'en fiche un peu.

— Comment vous avez su que c'était ma fête ? C'est à cause de Facebook, c'est ça ? Et comment vous avez réussi à organiser ça sans que je m'en rende compte ? Vous étiez tous dans le coup ?

— *Yes*, madame ! lâche Eddy avec fierté. Et c'est Roméo qui a eu l'idée. Il voulait te préparer quelque chose de *very* spécial.

— Eh bien ! C'est réussi !

— Oh ! C'est loin d'être terminé ! annonce Roméo en m'agrippant par la main pour me traîner à sa suite. Viens, suis-moi !

J'obéis sans dire un mot, trop curieuse pour cligner des yeux une seule seconde. Dans le fond de la cafétéria, une grande table a été dressée. Nappe noire, couverts blancs, ingrédients déposés ici et là. Et derrière cette grande table, un chef en tablier m'accueille en me faisant un grand sourire.

— Salut ! Tu dois être Morgane ?

— Oui. C'est moi. Bonjour.

— On m'a demandé de cuisiner des plats juste pour toi. J'ai donc apporté une foule d'ingrédients végétariens issus de culture biologique et respectueuse des normes environnementales.

— Et des animaux ?

— Et des animaux, répète-t-il en hochant la tête. Tu veux qu'on commence ?

— Oh que oui !

CHAPITRE 17

Le chef nous invite à nous installer autour de la table pendant qu'il s'affaire à nous préparer un repas digne des grands restaurants. Après avoir trop mangé et, surtout, trop ri, la soirée se termine dans la salle de repos. Ma mère est partie pour nous laisser « entre jeunes » et elle a raccompagné Louba et Yanie en même temps. Les quelques élèves qui sont restés pour le week-end sont soit en train de discuter, soit en train de danser. À ma droite, Anna et Thomas prennent des centaines de photos. Mais mon plus beau cadeau, c'est de voir que Thomas est capable de rester dans la même pièce que Roméo sans avoir envie de lui sauter dessus. Roméo est justement là, un peu plus loin, en grande discussion avec Eddy. Je m'approche d'eux, un grand sourire aux lèvres, le cœur léger.

— Désolée, Ed. Ça te dérange si je te l'emprunte une petite minute, dis-je, en pointant Roméo ?

— Euh, non. Vas-y.

Eddy jette un drôle de regard à Roméo (un regard que je n'arrive pas à interpréter), mais je décide de l'ignorer. Roméo est tout à moi, maintenant, et ça me rend un peu nerveuse. Je lui tends la main et ensemble, on se dirige vers un petit coin de la pièce. Ouf! Mon cœur n'a pas battu aussi vite depuis un bon bout de temps. La dernière fois, c'est quand notre prof d'éduc nous a fait monter et descendre un escalier à peu près trente-deux fois en sautant à pieds joints. Mais ce n'est pas ça, l'important. L'important, c'est que Roméo s'apprête à m'annoncer qu'il veut sortir avec moi et que ça me rend vraiment nerveuse.

C'est quand, la dernière fois que j'ai embrassé un gars ? L'année dernière ? Celle d'avant ? Je crois que c'est la fois où on jouait à la bouteille dans le sous-sol de Louba, avec Yanie et Tommy Bélanger. Yark ! Il faisait très chaud, ce soir-là, et Tommy sentait les petits pieds. Hé ! Oh ! Pourquoi je pense à ça MAINTENANT ? Roméo est loin de sentir les pieds. Au contraire, il sent bon le savon et la menthe. C'est bon signe, non ? Ça veut dire qu'il veut avoir l'haleine fraîche au moment où ses lèvres vont toucher les miennes ?

Roméo semble aussi nerveux que moi, comme s'il ne savait pas trop où se placer. J'enroule mes bras autour de ses épaules et je commence à danser tout doucement.

— Euh… Qu'est-ce que tu fais ? demande-t-il, les yeux ronds.

— Je danse avec toi, ça se voit bien ! dis-je, en me collant un peu plus à lui.

Il parcourt la pièce du regard, comme s'il cherchait quelqu'un. Comme s'il souhaitait qu'on vienne à son secours.

— C'était vraiment une très belle fête, Roméo. Je te remercie.

— Ce n'est rien, répond-il, la mâchoire crispée. J'avais envie de te faire plaisir, c'est tout.

— Réussi !

Il est tellement beau, comme ça, dans mes bras !

— Qu'est-ce qu'on ne ferait pas pour une bonne amie, ajoute-t-il, dans un sourire forcé.

Une TRÈS bonne amie, oui ! Incapable de me retenir une seconde de plus, je glisse mes mains le long de son dos et je me colle à lui pour poser ma tête contre son épaule. La musique est bonne. La chaleur de son corps est apaisante. Je ne m'étais pas sentie aussi bien depuis longtemps.

Au bout de quelques minutes à danser ainsi, je me dis qu'il est temps de passer aux choses sérieuses. Si Roméo est trop timide pour m'embrasser, je vais faire les premiers pas. Je décolle donc ma tête de son épaule et le regarde droit dans les yeux.

— Tu sais que tu es très beau ?

Roméo rougit jusqu'à la racine des cheveux. Bout de luzerne ! Il est vraiment plus timide que je le croyais. Je pose une main sur son visage et j'ouvre la bouche pour le complimenter une fois de plus. Mais l'arrivée d'Eddy interrompt ma lancée :

— Bon, bon, bon ! Tu ne vas quand même pas la garder pour toi toute seule, hein, Roméo ? *My turn !*

Avant que j'aie le temps de réagir, Roméo danse avec Annabelle, et Eddy me tient à son tour par la taille. Fâchée après lui, je siffle entre les dents :

— Qu'est-ce que tu fais ?

— Ben, je danse avec la fêtée, qu'est-ce que tu crois ?

— On avait un moment, là !

— Un moment ? répète Eddy, en ricanant.

— Oui ! Un moment spécial ! Une étincelle ! Il allait m'embrasser !

— J'en doute fort !

CHAPITRE 17

Je recule d'un pas. Comment ça, il en doute fort ? Qu'est-ce que ça veut dire ? Je tourne la tête vers la droite et j'aperçois Roméo qui rit dans les bras d'Annabelle. Quoi ? Non ! Ce n'est pas possible ! Elle ne va quand même pas me le piquer !

À la fois furieuse et humiliée, je me précipite vers eux et m'interpose ; je fais face à Roméo. Puis, sans lui demander son avis, j'agrippe son visage à deux mains et l'embrasse avec fougue. Autour de moi, j'entends des « Oh ! » des « Hein ? » et des « Prends ça en photo ! » mais je m'en fiche. Tout ce que je veux, c'est que Roméo me rende mon baiser, ce qu'il ne fait pas. Au lieu de cela, il pose ses mains sur mes hanches et me repousse gentiment.

— Désolé, mais non, murmure-t-il tristement.

— Comment ça, non ?

— Je suis amoureux de quelqu'un d'autre.

CHAPITRE 18

Toute la vérité

CHAPITRE 18

Annabelle est fantastique. Elle m'a ramenée à notre chambre, elle m'a fait couler un bain et fait jouer sa fameuse musique de flûte de pan et de chants d'oiseaux. En temps normal, ça m'aurait tombé sur les nerfs, toutes ces petites attentions (surtout la musique), mais ce soir, ça me fait étrangement du bien.

— C'est parfait pour les peines d'amour, tu vas voir, m'a-t-elle assuré, en refermant la porte de la salle de bain pour me laisser un peu seule.

J'en suis donc là, les yeux fermés, la gorge nouée, mon corps flottant dans une eau qui sent le muguet. (Ou le lilas ? Je n'en sais rien.) Maintenant, je comprends pourquoi je n'ai jamais rien voulu savoir de l'amour. Ça n'existe pas, les contes de fées et les histoires parfaites du genre : « Ils vécurent heureux et eurent beaucoup d'enfants. » En tout cas, pas pour moi.

Roméo semblait me trouver de son goût, pourtant. Qu'est-ce qui a changé ? Et surtout, qu'est-ce qui cloche, chez moi ? Est-ce que c'est à cause de mon look spécial ? De mes opinions différentes ? Des vêtements que j'ai empruntés à Annabelle ?

Mais la question qui tourne en boucle dans ma tête, c'est : quel est le nom de cette mystérieuse fille qui a touché son cœur ? C'est sûr que j'aurais pu rester dans la salle de repos pour écouter Roméo me parler de cette demoiselle inconnue, mais j'ai préféré partir. J'avais besoin de me retrouver un peu seule. De prendre du recul. De réfléchir à tout ça.

Je ne sais pas combien de temps je suis restée dans le bain, mais je suis toute ratatinée quand Annabelle vient frapper à la porte.

— Thomas et Eddy sont là. Ils veulent savoir comment tu vas.

— J'arrive.

Je prends le temps de me sécher et d'enfiler un pyjama (le préféré de Thomas, celui avec des cornets de crème glacée et des arcs-en-ciel), et je rejoins tout le monde dans notre chambre. Mes amis me regardent de leurs petits yeux empreints de pitié et je lève le doigt pour les prévenir :

— Non ! Pas de ça avec moi ! Je NE FAIS PAS pitié !

— Tu es en peine d'amour, dit Annabelle, pour prendre leur défense. Tu as le droit d'être triste. Tu as même le droit de pleurer si tu veux.

— Pleurer ?

Je ne dois pas être normale, parce que je n'ai aucune envie de pleurer. D'ailleurs, je ne me souviens pas c'est quand, la dernière fois que ça m'est arrivé. L'année dernière, quand ma grand-mère est décédée, je crois. Est-ce que j'ai pleuré depuis ? Je ne pense pas.

TU AS VERSÉ QUELQUES LARMES QUAND TU AS ÉCOUTÉ LE REPORTAGE QUI DRESSAIT LE PORTRAIT DE L'ÉVOLUTION DE L'ESCLAVAGE À TRAVERS LE TEMPS.

Oui ! C'est vrai ! Mais c'était différent. Qui peut demeurer insensible à de telles images ? ÇA, c'est quelque chose qui mérite de bouleverser les gens ! Pas l'amour ! Et encore moins les beaux yeux d'un gars.

— Peut-être que tu ne l'aimais pas vraiment, me dit Eddy, en caressant la douce fourrure de Johnny Depp, endormi sur ses genoux. *Sometimes*, on a l'impression d'être amoureux par-dessus la tête, mais au fond, c'est juste une attirance qui passe avec le temps.

— Tu penses ?

Même moi, je ne suis plus sûre de rien. Comment décrire les sentiments que j'éprouve pour Roméo ? Est-ce vraiment de l'amour ? Il est intelligent, attirant, inspirant et, surtout, on a un tas de points en commun. Est-ce que ça veut dire qu'il est l'homme de ma vie pour autant ? Hum, je crois que je me suis peut-être un peu emportée.

— Passe à autre chose, Morgane, tranche Thomas, en détournant le regard. C'est clair que ce gars-là n'est pas fait pour toi.

— Qu'est-ce que tu en sais ?

— Tout le monde le sait sauf toi, on dirait, lâche-t-il, de plus en plus impatient.

Ça me fâche qu'il se permette de faire ce commentaire, simplement parce qu'il n'arrive pas à le sentir. Je m'approche de Thomas et je croise mes bras devant lui. Il a intérêt à tout me raconter ; sinon, je jure qu'il va recevoir une claque derrière la tête.

— Tout le monde sait quoi ?

Thomas se lève et serre les poings. Il regarde tour à tour Annabelle et Eddy, comme pour leur demander de l'aide, mais Eddy se cache derrière son cell pour lire le message qu'il vient de recevoir et Annabelle plisse le nez, incertaine de ce qu'elle doit faire. Le visage de Thomas n'est qu'à quelques centimètres du mien et mon ami semble déployer un effort considérable pour ne pas dire des mots qu'il va regretter. Je sens que l'ambiance est tendue, alors je braque mes yeux sur lui et lance :

— Explique. Je peux tout entendre, peu importe ce que tu as à me dire.

— Ce n'est pas à moi de le faire.

— Est-ce que Roméo est un beau salaud qui ne prend pas soin de ses blondes ? C'est un voyou ? Un drogué ? Il fait partie d'une agence d'espionnage et nous observe en secret depuis des semaines ? Ah ! Non, je sais ! Il fait semblant de…

— Roméo est gai, m'annonce finalement Thomas, comme s'il venait de prononcer des paroles dégoûtantes.

— Quoi ? dis-je, un peu sous le choc.

— Il est gai, répète mon ami. Il ne voudra jamais sortir avec toi, parce qu'il préfère embrasser les garçons.

— Ah…

Là, on peut dire que je suis surprise. Je ne m'attendais pas du tout à ça. Roméo, mon beau Roméo ! Eh bien ! Je repense aux dernières semaines passées en sa compagnie et à tous les petits signes que je pensais dirigés vers moi. Bout de luzerne ! Il est amoureux d'un autre gars. (Je le trouve bien chanceux, celui-là !)

— Bon ! dis-je, un sourire au coin des lèvres. Au moins, je sais qu'il ne tombera pas dans les bras de la première fille qui croisera son chemin. C'est rassurant !

Annabelle rigole, mais Thomas ne me trouve pas drôle du tout.

— C'est tout ? demande-t-il, indigné, d'une voix dure.

— Euh, c'est tout quoi ?

— Tu vas le laisser s'en sortir comme ça ?

Ma tête a un mouvement de recul. Quelle est la position de Thomas dans toute cette histoire? Est-ce qu'il est homophobe ? Ça existe encore, des gens de cette espèce ?

— Je ne suis quand même pas pour le traîner sur la place publique pour que le reste de l'école lui lance des cailloux !

— Roméo est dégoûtant, bafouille Thomas, dans tous ses états. Il… Il embrasse d'autres gars ! C'est ce qu'il veut ! Des gars !

— Et alors ?

Sérieusement, ça ne me cause aucun problème. Qu'il préfère la compagnie des gars ou des filles, l'amour, c'est l'amour, non ?

— Qu'est-ce que ça te fait, à toi ? Il ne t'a jamais fait d'avances, à ce que je sache !

— À moi, non… Mais à lui, OUI ! annonce-t-il en pointant Eddy.

Le silence s'installe. Un grand malaise aussi. La seule chose qu'on entend, c'est la respiration de Thomas. Il se tient droit, le bras tendu, un doigt accusateur toujours pointé vers Eddy, qui a maintenant le visage écarlate. Et là, tout devient clair.

— Tu es amoureux de Roméo, c'est ça ? dis-je à Eddy.

— Bien sûr que NON ! répond Thomas à la place de notre ami. Ed ne veut rien savoir de lui ! Il n'est pas gai, quand même ! C'est Roméo qui a commencé ! Je l'ai vu ! Il l'a traîné dans un coin et il lui a fait sa déclaration ! Mais Eddy ne s'est pas laissé faire ! Hein, Eddy ? Tu l'as repoussé et tu lui as dit de te foutre la paix, hein, Eddy ? Pas question que…

— Tais-toi, Tom, murmure Annabelle, d'une voix plus douce que jamais.

— Pourquoi ? C'est la vérité ! Eddy ne…

— Eddy fera bien ce qu'il veut, fait-elle sur un ton insistant. Ça ne te regarde pas.

Comme pour mettre fin à la discussion, Eddy se lève, s'approche de Thomas et lui annonce clairement :

— Je suis homosexuel.

— Hein ? Mais non, voyons ! C'est lui qui essaie de te mettre des idées dans la tête ! Ça va passer !

— Ce ne sont pas des idées et ça ne va pas passer non plus. C'est ce que je suis. Je ne peux rien y changer et je ne VEUX rien y changer non plus.

Thomas émet un petit rire nerveux. Il regarde autour de lui pour s'assurer qu'on n'est pas en train de lui faire une blague et propose :

— Je peux te présenter ma cousine, si tu veux. Elle est super belle ! Je suis sûr que, si tu passais un peu de temps avec elle, tu…

Eddy allume son cellulaire et le tend à Thomas pour qu'il puisse lire ses échanges de textos. Curieuse comme je suis, je m'approche et j'étire le cou.

Roméo : Désolé, Eddy. La soirée ne s'est pas déroulée comme je l'imaginais.

Eddy : *I know*. Ce n'est pas ta faute.

Roméo : Je voulais vraiment faire plaisir à Morgane, mais je ne pensais pas qu'elle essaierait de m'embrasser. Je me sens un peu mal…

Eddy : Je te l'avais dit que tu lui plaisais, tu ne voulais pas me croire. Ne t'en fais pas. Elle s'en remettra ! 😉

Roméo : Oui, si tu le dis. En tout cas, j'essaierai de lui parler demain. Qu'est-ce que tu fais, là ? Tu veux qu'on se voie ?

Eddy : Je suis avec la gang. Ça commence à s'énerver.

Roméo : Oh ! Tu vas leur dire, pour nous deux ?

Eddy : Je ne sais pas encore. C'est certain que Thomas va mal le prendre.

Roméo : Tant pis pour lui. Si c'est le cas, c'est qu'il n'est pas un bon ami pour toi.

Eddy : Oh ! Attends un peu !

Eddy : Morgane vient de comprendre.

Roméo : Qu'est-ce que tu vas faire ?

Eddy : Je t'écris plus tard. xx

Thomas reste là, aussi immobile qu'une statue, à lire et à relire les phrases qui défilent sous ses yeux. Puis, au bout d'un moment, il redonne le téléphone à Eddy et murmure, la gorge serrée :

— Tu étais au courant, Anna ?

Mon amie hoche la tête.

— Depuis quand ?

— Je crois que je l'ai toujours su, en fait, avoue-t-elle, en prenant Eddy par le bras.

Thomas déclare :

— Tu avais raison sur un point, Eddy. Je ne le prends pas bien du tout !

Thomas donne un grand coup de pied sur mon bureau de travail, passe devant nous et sort de la chambre en claquant la porte. Un peu ébranlé, Eddy inspire profondément.

— Ne t'en fais pas, dit Annabelle pour le rassurer, en posant une main sur son épaule. Il a juste besoin d'un peu de temps pour se faire à l'idée. Il réagit fort, mais il va finir par se calmer. C'est ton ami, après tout !

— Je ne peux pas lui en vouloir, ajoute Eddy, en se passant la main sur le front. Ça m'a pris des années avant de m'accepter tel que je suis. Comment je pourrais lui demander de faire la même chose en cinq minutes ?

— Oui, je comprends, soupire Annabelle.

— Euh ! NON ! dis-je, complètement en désaccord.

Je m'approche d'Eddy et lui relève le menton pour qu'il me regarde en face. On dirait une mère qui gronde son enfant, mais je m'en fiche. Je veux que le message passe.

— Pourquoi Thomas devrait-il se faire à l'idée ? Tu n'es pas un tueur en série, tu es gai !

— Et je suis *black* !

— Et alors? Tu es gentil, tu es attentionné, tu as le cœur à la bonne place et, en plus, tu es capable d'aimer. Qu'est-ce qu'il veut de plus ?

— Je suis différent, Morgane. Et parfois, la différence, ça fait peur.

C'est triste, mais il a raison.

ÉDITION SPÉCIALE • L'ACCEPTATION DES DIFFÉRENCES

Le No Name !

Édito

En tant que rédactrice en chef du journal étudiant, j'ai la liberté de décider des sujets qui seront traités pendant l'année scolaire. Habituellement, je travaille avec mes trois précieux collaborateurs, mais aujourd'hui, je vous ai préparé un numéro spécial sur l'acceptation de la différence. J'espère que ça en fera réfléchir plus d'un.

Bonne lecture !

Six choses que vous ne saviez peut-être pas au sujet des personnes homosexuelles

1. Elles dorment toutes les nuits et se réveillent chaque matin.
2. Elles mangent trois repas par jour.

3 Elles éprouvent des émotions telles que la joie, la colère, la peur et même l'amour.

4 Elles fréquentent nos écoles, nos universités, nos épiceries et nos restaurants.

5 Elles ont des loisirs en lien avec leurs propres champs d'intérêt, que ce soit pratiquer un sport, écouter de la musique, créer, faire la cuisine, suivre la mode, lire, etc.

6 Elles ont besoin d'oxygène pour respirer, d'eau et de nourriture pour survivre, et elles vont finir par mourir un jour.

Étonnant, tout ça, n'est-ce pas? En résumé, les homosexuels, qu'ils soient des hommes ou des femmes, ne sont pas des ESPÈCES étranges et menaçantes. Ce sont des êtres HUMAINS comme vous et moi. La question que j'ai envie de vous poser, maintenant, c'est: pourquoi les considérer comme des êtres à part? Pourquoi les craindre, les humilier ou même les détester?

★ ACTIVITÉ SPÉCIALE ★

Si, toi aussi, tu en as assez des préjugés, de la haine et de la médisance, je t'invite à me rejoindre vendredi midi, dans le gymnase de l'école, pour une activité toute spéciale.

CHAPITRE 19

La couleur de l'amour

CHAPITRE 19

Les cours sont sur le point de reprendre. Je suis bien contente du succès de notre activité. Des centaines d'élèves, d'enseignants et de membres du personnel sont venus nous rejoindre pour poser un geste. Un geste tout simple, mais qui démontre à quel point on fait des progrès en ce qui a trait à l'acceptation et à la tolérance.

— C'est beau, hein ? me dit Roméo, en se postant à côté de moi pour mieux observer le résultat final.

— Vraiment !

Devant nous, le grand mur du gymnase est couvert d'empreintes de mains multicolores qui forment un gigantesque arc-en-ciel.

— Il y a eu beaucoup de monde, je suis content, ajoute Eddy, le visage marqué de traits de peinture de toutes les couleurs.

— Ça prouve qu'on a bien fait ! lâche Annabelle, enthousiaste et rayonnante de joie. C'était une super bonne idée d'écrire un article sur le sujet dans le journal étudiant, Morgane. C'était audacieux, mais nécessaire, à mon avis.

— C'est vous qui m'avez inspirée, dis-je à Eddy et à Roméo. Et vous savez quoi ? Je crois que je ne suis pas la seule à avoir été inspirée. Regardez ça !

Mes trois amis tournent la tête dans ma direction, pendant que je sors un papier tout chiffonné de ma poche.

— Qu'est-ce que c'est ? me demande Roméo.

— C'est un message qui a été déposé dans mon casier, tout à l'heure. Il faut croire que les conseils du *No Name* en aident quelques-uns à s'affirmer !

Curieuse, Annabelle m'arrache le papier des mains, lit ce qui est écrit et s'exclame :

— Wow ! C'est une déclaration d'amour, Morgane ! De qui ça vient ?

— Aucune idée !

— Ce n'est pas grave ! m'assure-t-elle. On va trouver ! Je vais analyser l'écriture, questionner mon entourage, observer les gars qui te regardent un peu trop.

— Qui te dit que c'est un gars ? précise Eddy, un large sourire aux lèvres.

— C'est vrai ! C'est peut-être une fille ! fait Anna, plus excitée que jamais. Oh là là ! Ça va compliquer mes recherches, mais ce n'est pas grave. Je vais trouver c'est qui.

— Je ne veux pas savoir, dis-je, en lui reprenant le papier des mains.

— Comment ça ? demande Roméo, étonné. Tu n'es pas curieuse ?

— Non. Je ne veux pas de chum ni de blonde, d'ailleurs. C'est trop compliqué, les histoires d'amour. Je suis célibataire et je compte bien le rester pour un bon bout de temps. Peu importe qui a un kick sur moi, ça va finir par lui passer.

— En tout cas, je suis vraiment désolé pour la confusion qui a régné entre nous deux, enchaîne Roméo, qui s'excuse pour la millième fois. J'espère que tu ne m'en veux pas trop ?

— T'en vouloir ? Pourquoi ? Parce que tu n'as pas voulu sortir avec moi ? Pfft ! Au contraire ! Tu m'as rendu service, tu n'embrasses même pas si bien que ça !

— Euh, pas d'accord ! déclare Eddy en levant la main.

J'éclate de rire et mes amis s'esclaffent à leur tour. Annabelle sort son téléphone pour nous prendre en photo et, à la dernière seconde, j'en profite pour étendre un peu de peinture sur la joue de Roméo. Il lâche un cri, se penche pour tremper son doigt dans le pot de peinture et l'essuie sur le bout de mon nez. Pendant ce temps-là, Annabelle et Eddy se courent après dans le gymnase avec des pinceaux.

On rit. On s'amuse. On est contents d'être ensemble.

Mon regard dévie une dernière fois vers la porte du gymnase et mon cœur se serre. La journée aurait vraiment été parfaite si Thomas avait accepté de se joindre à nous.

Il a fait son choix. Et ça me rend triste.

Mais ce n'est pas une cause perdue, j'en suis certaine. J'en fais une mission personnelle !

À SUIVRE...

Lexique

Agora – Lieu de rassemblement, de détente.

BFF/Best – *Best friend forever*, meilleur(e) ami(e).

Blonde – Petite amie, amoureuse, copine.

Canadiens – Équipe de hockey sur glace de Montréal.

Cellulaire/Cell – Téléphone portable.

Chum – Petit ami, amoureux, copain.

Cute – Mignon, charmant.

Fête – Anniversaire.

Flusher – Se débarrasser de ; laisser tomber (son copain ou sa copine).

Gang – Groupe d'amis, bande.

Gougoune – Tong, sandale à deux brides dont le point d'attache sur le devant de la semelle se trouve entre le gros et le deuxième orteil.

Grano/Granola – Se dit d'une personne dont le style de vie est basé sur une alimentation naturelle, sur des valeurs écologiques et pacifistes.

Jelly Bean – Bonbon en gelée solidifiée (dragibus).

Kick | **Avoir un *kick* (sur quelqu'un)** – Avoir le béguin (pour quelqu'un).

Magasiner – Faire les magasins, faire du shopping.

Niaiser (quelqu'un) – Se moquer de quelqu'un, le charrier ; faire marcher quelqu'un, lui raconter des sornettes.

Party – Fête.

Plate – Ennuyeux.

Poutine – Mets typique au Québec, fait de frites, de sauce et de fromage. La poutine est devenue une sorte d'emblème dans la province.

Secondaire – Au Québec, on fréquente l'école primaire pendant sept ans, de 5 à 12 ans (une maternelle suivie de la première à la sixième). Ensuite, on passe à l'école secondaire pendant 5 ans (de la première à la cinquième). Une fois le diplôme d'études secondaires obtenu, on poursuit avec deux années au cégep afin d'obtenir le diplôme d'études collégiales qui permettra à ceux qui le désirent d'entrer à l'université.

Sous-marin – Type de sandwich réalisé avec du pain baguette ou un pain long, en opposition au sandwich club réalisé avec un pain de mie carré.

Trappe – Bouche.

Triper (sur quelqu'un) – Aimer (quelqu'un).

Velours | Faire un petit velours – Faire plaisir (spécialement par un témoignage d'approbation, d'estime ou de jugement favorable).

Le *No Name !*

Portrait

GENEVIÈVE GUILBAULT, auteure jeunesse

On dit que la nuit porte conseil, mais pour Geneviève, elle est surtout porteuse d'inspiration. Amoureuse des livres, de hockey et de bon thé, cette auteure québécoise vous présente ici sa nouvelle série *Textos et cie*.